W0473545

Cet ouvrage s'adresse aux bacheliers ayant choisi de poursuivre des études de droit. Il a pour but de les accompagner avant le début de leur première année et tout au long de celle-ci.

En effet, la découverte du monde universitaire et du monde juridique, tous deux inconnus des futurs étudiants, n'est pas toujours aisée. Ces derniers peuvent donc trouver utile de préparer leur (r)entrée dans les études de droit, afin de savoir ce qui les attend et ce que l'on attendra d'eux.

Afin d'aborder le plus sereinement possible leur première année, *En route pour ma 1re année de droit* propose aux futurs étudiants de droit, sous forme interactive et dynamique, **une préparation et un accompagnement pendant l'été et/ou au cours du premier semestre.**

Il leur permettra, tout d'abord, d'appréhender les études de droit en les aiguillant sur leur organisation, leur travail et la compréhension des différents exercices juridiques. Ensuite, il les **initiera à la matière droit** en abordant les principaux enseignements de première année, tels que l'Introduction générale au Droit, les Institutions juridictionnelles, le Droit civil, l'Histoire constitutionnelle française, le Droit constitutionnel et le Droit de l'Union européenne.

AUDREY COURTIAL FLAMIER
était directrice pédagogique en charge des étudiants de première année au sein de la Faculté de droit de l'UCLy. Elle fut également enseignante en droit et en charge des cours d'Introduction générale au droit (L1), du cours des Droits et libertés fondamentaux (L3) et de la méthodologie (L1 et L2). Elle est à présent directrice adjointe du Lycée professionnel agricole Saint-André à Sury-Le-Comtal.

MOUNA MOUNCIF-MOUNGACHE
est Maître de conférences en droit public, chargée de mission à la réussite et à l'insertion professionnelle. Matières enseignées : environnement juridique de la santé (licence 1), culture générale (licence 2), droit de l'Union européenne (licence 3), droit matériel de l'Union européenne (master 1), services publics et droit de l'Union européenne (master 2).

PEFC
10-31-3532
Certifié PEFC
Ce produit est issu de forêts gérées durablement et de sources contrôlées
www.pefc-france.org

IMPRIM'VERT®

Imprimé en France sur des papiers provenant
majoritairement de l'Union européenne
et issus de forêts gérées durablement
par Sepec numérique
1, rue de Prony - ZA des Bruyères
01960 Peronnas

Imprimeur certifié

Achevé d'imprimer en Septembre 2021
Numéro d'impression : N21275210816
Dépôt légal : Septembre 2021

Suivez-nous sur www.gualino.fr

Contactez-nous gualino@lextenso.fr

1, Parvis de La Défense
92044 Paris La Défense Cedex
978-2-297-13584-9

Sommaire

Les attendus pour les candidats en licence Droit

Nous vous présentons ci-dessous le texte officiel des Attendus en licence Droit.

Depuis 2018, et à destination des candidats à une première année de droit, des « Attendus » ont été définis par l'ensemble des acteurs de l'enseignement supérieur. Il s'agit d'éléments de cadrage nationaux qui ont pour but de déterminer les qualités et les capacités attendues chez un futur étudiant en droit.
Les « Attendus » sont au nombre de 7 :

1 Savoir mobiliser des compétences d'expression écrite et orale qui témoignent de qualités rédactionnelles et oratoires

Cet attendu marque l'importance, pour la filière juridique, de la maîtrise de la langue française, écrite et orale, par le candidat. Le droit est une discipline où les qualités oratoires (la « plaidoirie ») et les qualités rédactionnelles (rédaction de courriers, d'actes juridiques, etc.) sont fondamentales. La précision qu'appelle le raisonnement juridique implique que le candidat maîtrise, *ab initio*, les fondamentaux de la langue.

2 Disposer d'aptitudes à la compréhension, à l'analyse et à la synthèse d'un texte

Cet attendu marque l'importance, pour la filière juridique, de la capacité du candidat à « comprendre » l'écrit. La formation en Licence de droit requiert en effet l'analyse combinée de nombreuses sources juridiques (constitutions, lois, règlements, textes internationaux, jurisprudence, doctrine) qu'il faut pouvoir comprendre, mettre en perspective et éventuellement critiquer sur la base d'un raisonnement juridique.

3 Disposer d'aptitudes à la logique et au raisonnement conceptuel

Cet attendu marque l'importance, pour la filière juridique, de la capacité du candidat à produire une argumentation structurée, même relativement simple, et à raisonner sur des concepts. La formation en Licence de droit requiert en effet une certaine capacité d'abstraction, de logique formelle et de déduction.

4 Pouvoir travailler de façon autonome et organiser son travail

Cet attendu marque l'importance, pour la filière juridique, de la capacité du candidat à travailler de façon autonome. La formation en Licence de droit laisse en effet une place substantielle à l'organisation et au travail personnel. L'encadrement est souple : seule une partie limitée des enseignements est obligatoire et donne lieu à des rendus obligatoires de travaux (les travaux dirigés).

5 Être ouvert au monde et disposer de connaissances linguistiques

Cet attendu marque l'importance, pour la filière juridique, que l'étudiant ait un niveau suffisant de compétences dans au moins une langue vivante étrangère, notamment l'anglais. La formation en Licence de droit s'inscrit en effet nécessairement dans un contexte juridique européen et global qui implique, au cours du cursus, d'étudier d'autres systèmes juridiques que le système national, qui sont le plus souvent en langue étrangère.

6 Être intéressé par les questions historiques, sociétales et politiques

Cet attendu marque l'importance, pour la filière juridique, que le candidat ait un niveau minimum de curiosité pour la société et le monde qui l'entourent. Le droit ne peut en effet être étudié indépendamment des réalités humaines, sociales et politiques auxquelles il s'applique.

7 Avoir répondu à un questionnaire d'auto-évaluation disponible sur le site de l'Onisep *Terminales2019-2020.fr*

Avoir répondu à ce questionnaire est une condition de recevabilité du dossier (une attestation téléchargeable sera délivrée par le site *Terminales2019-2020.fr*). Cette attestation sera à joindre au dossier de candidature. Ce questionnaire est un outil informatif et pédagogique mis à disposition des lycéens qui, grâce à lui, peuvent avoir un premier aperçu de l'adéquation de leur profil à une Licence de droit. Les résultats du questionnaire ne sont connus que du seul lycéen et ne sont en aucun cas transmis aux universités.

> Vous retrouverez ces « Attendus » tout au long de la première partie de cet ouvrage dont la thématique traitée est « Devenir étudiant en droit » grâce aux logos **1** à **7**.

PARTIE 1

Devenir étudiant en droit

Devenir étudiant en droit c'est :
- prendre de bonnes habitudes ;
- savoir travailler ;
- appréhender le droit.

1 • Les bonnes habitudes à prendre

A. Se cultiver, se tenir informé 5

La culture générale et juridique vous permettra de vous différencier, aussi bien lors de vos diverses présentations orales, que lors de vos travaux écrits. En effet, elle vous permettra tout d'abord de contextualiser et positionner votre sujet. Ensuite, vous posséderez suffisamment de matière afin d'alimenter vos travaux, d'argumenter et d'illustrer vos différentes idées. Vous ne devez donc pas négliger cet effort quotidien, qui deviendra rapidement une habitude plaisante. Vous cultiver et vous informer exige de l'action et non de la passivité. La culture et l'information ne viendront pas à vous.

Attention : ne vous contentez pas d'une culture juridique. Vous devez également faire preuve d'une grande ouverture culturelle, non seulement parce que le droit puise sa source dans tous les recoins de la société, mais également parce qu'il est aisé de le mettre en relation avec toutes les composantes de cette dernière. Ne négligez donc pas l'Histoire, l'Art, la Littérature classique et moderne, la Politique, les avancées scientifiques et techniques, etc.

Les moyens de se cultiver et de s'informer :

- par la lecture de la presse écrite : qutoidiens, hebdomadaires, hors-séries ;
- par l'écoute de la radio : direct, podcast ;
- par le regard : émissions de télévision consacrées à des problèmes culturels ou juridiques sur les chaînes thématiques, replay des séances du Parlement sur la chaîne dédiée ;
- par la veille juridique : vous devez anticiper et accueillir les (nombreuses) réformes juridiques. Cette connaissance vous sera précieuse pour comprendre les lacunes du droit présent et les raisons qui ont poussé le législateur à modifier les normes (le plus souvent pour accompagner la société dans ses changements). Il vous appartiendra d'appréhender ces réformes, de les comprendre et de savoir les évoquer à bon escient. À vous également de développer votre esprit critique : ces réformes rendent-elles, comme l'affirment les autorités qui les ont portées, la justice plus lisible, plus efficace, plus accessible ? Ou au contraire ne sont-elles que des vitrines davantage au service d'une certaine politique que de la justice ? Vous ne pourrez répondre à ces questions qu'en développant votre esprit critique et vous ne le développerez qu'en ayant suffisamment de connaissance et de culture. À vous de jouer !

B. Être assidu 3

L'assiduité est une des clés de la réussite des études de droit. Ce qui est vrai pour les travaux dirigés l'est aussi pour les cours magistraux. Vous devez être présent en cours, cela vous permet :

– *de rythmer vos journées* en adoptant une cadence de travail facilitant la productivité et l'efficacité ;

– d'écouter l'enseignant délivrer ses connaissances et, ainsi, d'acquérir son savoir : une grande partie du travail est réalisée lorsque l'on est présent en cours, travail que vous n'aurez plus à fournir une fois chez vous ;

– d'entrer régulièrement en contact avec l'enseignant, n'hésitez pas à interroger votre enseignant lorsque des zones d'ombre ou des incompréhensions persistent sur ce qui a été dit. La prise de parole en cours magistral peut être acceptée, mais elle doit être réglementée afin de ne pas perturber ledit cours (en fin de cours ou avant une pause, par exemple). En travaux dirigés, la prise de parole s'organise plus librement et est même conseillée ;

– de ne pas prendre de retard sur la prise de notes des cours magistraux ainsi que sur la préparation et la correction des travaux dirigés. Toute absence doit être rattrapée et demandera nécessairement du travail supplémentaire. Évitez cette surcharge dans votre emploi du temps !

1. S'organiser : trouver son rythme

Il est important de vous organiser car le rythme imposé par les études supérieures n'est pas le même que celui que vous avez connu au lycée, même lors de votre terminale. Votre réussite ne pourra se faire en l'absence d'organisation, aussi bien temporelle que matérielle.

2. Gérer son temps

Les études de droit vont vous demander du temps, une chose précieuse et difficile à maîtriser. « Le temps vole et m'emporte malgré moi, j'ai beau vouloir le retenir, c'est lui qui m'entraîne. » Sans être aussi fataliste que Madame de Sévigné, sachez, non pas le dompter, mais vous organiser ! La planification sera votre alliée. Programmez votre semaine de travail et vos révisions selon votre emploi du temps. Voici quelques conseils :

a. En période normale

Vous devez connaître votre emploi du temps hebdomadaire et vérifier tous les jours (selon les moyens proposés par votre Faculté) s'il ne connaît pas de modifications, afin d'éviter de rater un cours qui aurait été déplacé. Dès la rentrée et la connaissance de votre emploi du temps, vous devez vous organiser en créant votre semainier en fonction du placement de vos différents cours.

Prérequis :
– acquisition des connaissances à partir des cours magistraux :
• relecture : quarante-cinq minutes pour deux heures de cours,
• apprentissage : cinq pages manuscrites ou deux pages tapées à l'heure ;
– préparation des travaux dirigés :
• quatre TD nécessitant entre cinq et six heures de préparation,

Prérequis :
- deux TD nécessitant peu, voire pas de préparation : le contenu du cours est compris et acquis lors du TD notamment par la participation active des étudiants.

Voici un emploi du temps hebdomadaire type d'un étudiant en première année de Licence de droit :

- six cours magistraux (CM) de deux heures ;
- six travaux dirigés (TD) de deux heures ;
- deux heures de sport ;
- une soirée libre entre amis ;
- une demi-journée de libre pour se reposer.

À partir des éléments précédents, organisez votre semaine en remplissant le planning ci-dessous.

	Lundi	Mardi	Mercredi	Jeudi	Vendredi	Samedi	Dimanche
06 h 00							1. ....
08 h 00	CM1	CM2	2.	CM5		3.	4. ....
10 h 00	5.	CM3	CM4	CM6	TD 6	6.	7. ....
12 h 00							
14 h 00	TD 1	8.	TD 3	9.	10.	11.	12. ....
16 h 00	TD 2	13.	TD 4	TD 5	14.		15. ....
18 h 00	16.	17.		18.	19.	20.	
20 h 00	21.		22.	23.	24.	25.	26. ....
22 h 00							

Conseil :
Ne hachez pas vos matières. Préparez vos TD en une ou deux fois, grand maximum (de même pour la lecture et l'apprentissage des cours).

b. En période de révisions

– Vous devez ***vous tenir informer des dates de vos examens***, données à l'avance par votre Faculté, mais par différents moyens (mail, affichage, intranet, alerte en cours, etc.).

– Dès que ces dernières sont portées à votre connaissance, vous devez ***planifier vos révisions***. Pour cela, vous devez connaître votre capacité de travail et notamment d'apprentissage, en sachant, par exemple, combien de pages vous êtes capable d'apprendre en une heure ; cela vous permettra de savoir combien d'heures environ vous seront nécessaires pour apprendre la matière. Faites ceci pour chacune de vos matières et programmez ainsi vos journées de révisions.

– *Ne « hachez » pas les matières, travaillez-les d'un bloc :* cela facilite l'apprentissage, car votre cerveau est baigné, voire emporté par la matière. Au contraire, si vous coupez les matières, vous allez demander, à chaque fois, à votre mémoire de faire beaucoup d'efforts pour se remettre en route sur de nouveaux champs de connaissances à remonter. N'oubliez pas que votre cerveau est comme un diesel, il est nécessaire qu'il se mette en route pour être efficace. Cela prend un peu de temps, en revanche, lorsqu'il est lancé, vous êtes efficace.

– *Faites des pauses et connaissez vos capacités de concentration :* de manière générale vous êtes capable de travailler sans discontinuer au moins deux heures.

– *Rangez, cachez votre téléphone portable et coupez le Wifi* afin de ne pas être tenté par l'appel d'internet, des réseaux sociaux ou de vos amis. Les révisions restent un exercice solitaire !

3. Gérer le matériel

Cela peut paraître anodin mais vous devez avoir un ***matériel adéquat*** vous permettant de ***travailler dans des conditions optimales :***

– ayez un plan de travail sain, propre et rangé : la rigueur si chère aux juristes passe aussi par leur environnement ;

– si vous optez pour la prise de notes informatique, classez vos cours dans différents fichiers, numérotez vos pages et sauvegardez régulièrement sur un disque externe : une fausse manipulation ou une panne d'ordinateur est trop vite arrivée et peut avoir de graves conséquences ;

– si, au contraire, vous choisissez la prise de notes manuscrite, rangez et numérotez vos notes au jour le jour ou prenez des cahiers ;

– en ce qui concerne vos outils de travail, n'oubliez pas de vérifier la batterie de votre ordinateur (toutes les salles de cours ne sont pas munies de prises). Ne partez pas sans stylos ou surligneurs : les études de droit sont encore un domaine dans lequel il vous sera demandé d'écrire ;

– ayez toujours votre agenda avec vous.

C. Adopter un certain état d'esprit

1. La vision à long terme

En vous inscrivant dans un cursus de droit, vous vous engagez dans de longues études, car vous « signez » au minimum pour trois ans, le temps d'obtention de la Licence, voire quatre ans pour un Master 1 ou cinq ans pour un Master 2. Vous pouvez, ensuite, intégrer une école pendant un ou deux ans (École des avocats, École de la magistrature, Instituts

Attention, les études de droit ne sont ni un concours, ni une compétition. Sachez travailler pour vous, mais ne négligez pas l'entraide. Il est important de savoir travailler en groupe. Cela vous permet de mutualiser vos recherches et de vous reposer sur une dynamique constructive. Cependant, n'oubliez pas que ces études sont avant tout solitaires et que vous serez seul le jour de l'examen, ce qui implique que vous sachiez travailler individuellement.

régionaux d'administration, École nationale d'administration pénitentiaire, etc.). Vous allez entreprendre une véritable course de fond et devoir vous ménager en évitant de fractionner votre travail en périodes plutôt calmes et en période hypertravaillées, donc anxiogènes. Soyez régulier tout au long de l'année universitaire et sachez, au moment des examens, pousser vos capacités à leur maximum.

2. Le travail et le goût de l'effort

Les études de droit sont laborieuses, consacrées au travail et demandent de cultiver un goût certain pour l'effort ! Ne soyez pas effrayé par la masse de travail qui vous attend, mais soyez-en conscient. Gérez au mieux votre emploi du temps et consacrez-vous à vos études. Ces dernières vont vous demander sans cesse d'aller plus loin dans vos recherches, votre réflexion et votre capacité de travail. Cette démarche pourra vous paraître compliquée au début, mais quelle satisfaction personnelle lorsque vous réaliserez de quoi vous êtes capable en termes de réflexion et de production universitaire !

3. La rigueur

Les études de droit vous conduiront à adopter une qualité que vous n'avez peut-être pas encore acquise : la rigueur. Votre travail doit être logique, exact, précis et régulier. Cette caractéristique devra se manifester dans plusieurs champs de votre travail.

Tout d'abord, abordez toutes les matières de façon similaire, ne faites pas de choix entre elles, n'en travaillez pas une plus que l'autre. D'autant plus que, lors de vos premières années, un même coefficient est appliqué à toutes ces matières. Vous ne pouvez donc pas « jouer » avec la valeur de ces dernières.

Ensuite, il est important d'adopter un langage précis et donc de faire preuve de rigueur en apprenant les définitions des différentes notions juridiques (v. L'apprentissage, p. 10) et en les utilisant dans vos travaux.

Enfin, vous serez continuellement jugé sur votre capacité à comprendre et à appliquer la méthode des différents exercices juridiques (v. Les exercices juridiques, p. 51), ce qui mettra à l'épreuve votre capacité à être rigoureux, puisque la méthode exige logique et précision.

4. La prise en compte des remarques

Il est probable que vos premiers exercices rendus et corrigés ne soient pas sanctionnés par une note satisfaisante, ne vous découragez pas. Du temps est nécessaire pour vous adapter à la méthode juridique et répondre aux exigences du droit. Lisez et faites vôtres les remarques de vos enseignants lors de la correction. Elles sont plus importantes que la note en elle-même, car elles visent expressément vos difficultés et vous guident afin de parvenir à réaliser l'exercice. Si vous ne comprenez pas l'une de ces annotations, n'hésitez pas à demander des explications et des conseils supplémentaires aux correcteurs. D. S'approprier les outils numériques

D. S'approprier les outils numériques

L'ENT (Espace numérique de travail) est un outil numérique important qu'il convient de s'approprier, mais vous avez pris l'habitude d'utiliser cet outil au lycée. Nombre d'informations vous seront données par cette plateforme.

Dès l'inscription à l'Université, un identifiant et un mot de passe vous sont attribués. Grâce à cela, vous aurez accès à tous les outils numériques mis à votre disposition.

L'appropriation des outils va vous permettre de mettre en œuvre rapidement des qualités essentielles pour réussir son cursus et, en particulier, sa première année : l'assiduité, l'état d'esprit, l'autonomie.

1. Les espaces pédagogiques

a. Des informations sur vos cours magistraux et travaux dirigés

Il convient de consulter très régulièrement vos plannings pour organiser votre semaine qui alternera entre les cours magistraux et les travaux dirigés. Cela permettra d'organiser au mieux votre travail personnel.

Les plannings peuvent changer de semaine en semaine voire de jour en jour selon la disponibilité des salles ou des enseignants chercheurs (cf. la page gérer son temps).

b. Des contenus de cours, des annonces, des documents

Vous vous informerez sur le contenu des cours magistraux et des travaux dirigés en utilisant la plateforme. Vous aurez accès, le cas échéant, à des annonces de vos enseignants et à des documents de travail qu'ils mettront à votre disposition.

Il est primordial de « s'accrocher » en suivant les cours et les travaux dirigés, même à distance, sans se démotiver.

Vous avez accès à des documents, des exercices, des supports de cours qui permettent de préparer au mieux votre travail en complément de cours magistraux et de travaux dirigés effectués en présentiel.

2. Les espaces bibliothèques universitaires

Comme il vous a déjà été dit, il est important de compléter les connaissances que l'on vous transmet en cours et faire les exercices donnés en travaux dirigés par des recherches effectuées à la bibliothèque. Pour alimenter vos recherches, vous pouvez consulter les catalogues de ressources de votre Université afin de localiser les documents que vous cherchez dans les bibliothèques.

Vous avez aussi accès à toute une série de documents dématérialisés ex-Lexis 360, Dalloz, etc.

2 • Savoir travailler

A. Quel étudiant êtes-vous ?

Un bon étudiant est avant tout un étudiant qui se connaît. Cette connaissance vaut dans trois domaines.

1. Quand êtes-vous le plus efficace ?

Il est important de connaître les conditions temporelles optimales qui vous rendent efficace.

Travaillez-vous plus de façon efficiente tôt le matin ou tard le soir ? Avez-vous besoin de beaucoup de sommeil ou sept heures vous suffisent-elles ? Êtes-vous capable de travailler quatre heures d'affilée ou vous faut-il faire des pauses toutes les deux heures ?

En fonction de vos réponses, adaptez votre temps de travail. Il est inutile de nager à contre-courant : si vous êtes fatigué à partir de 21 heures, par exemple, ne commencez pas à travailler à 20 heures 30, vous mettrez beaucoup de temps à démarrer pour ne pas faire pas grand-chose... Vous ne serez pas productif et devrez recommencer.

2. Où êtes-vous le plus efficace ?

Connaissez les conditions environnementales vous convenant le mieux.

Avez-vous besoin de vous isoler totalement en vous enfermant dans votre chambre, par exemple ? Avez-vous besoin d'un silence total ? Résistez-vous au Web ou à votre téléphone pendant le temps de travail ? Avez-vous besoin d'être stimulé par d'autres personnes travaillant au sein d'une bibliothèque universitaire ?

Selon vos réponses, adaptez votre environnement de travail afin qu'il vous corresponde et vous stimule.

3. Quel type de mémoire avez-vous ?

Adaptez votre apprentissage à votre type de mémoire.

Votre mémoire est visuelle ? Vous retenez mieux l'information lorsque vous parvenez à l'enregistrer, telle une photo ? Pendant vos révisions, axez votre travail sur les schémas, les croquis, les tableaux et les couleurs.

Votre mémoire est auditive ? Vous retenez mieux l'information lorsque vous l'écoutez, telle une histoire ? Pendant vos révisions, lisez votre cours à haute voix et n'hésitez pas à répéter plusieurs fois les mots-clés ou les phrases importantes.

Votre mémoire est kinesthésique ? Vous retenez mieux l'information lorsque vous la manipulez ? Pendant vos révisions, réécrivez en synthétisant les idées. Attention, la synthèse de vos cours ne doit pas non plus se réduire à noter les idées motrices, cela appauvrirait la matière à apprendre et donc vos connaissances !

B. Le système de notation

1. Le découpage d'une année universitaire

À la différence de ce que vous avez connu jusqu'à présent, c'est-à-dire la trimestrialisation, les années universitaires sont rythmées autour de deux semestres : le semestre 1 (de début septembre à mi-janvier) et le semestre 2 (de mi-janvier à mi-mai). Oui oui, vous avez bien compris, si tout se passe bien pour vous, vous êtes libérés aux alentours du 15/20 mai. En effet, une troisième période (de mi-mai à mi-juin est consacrée aux examens de session 2 – communément appelés les « rattrapages » – mais il n'en est pas question pour vous, n'est-ce pas ? Vous profiterez donc de ce temps pour faire des stages, travailler et éventuellement vous reposer.

2. La lecture d'un relevé de notes

Les règles de calcul de validation de la première année dépendent de votre Faculté mais il existe certaines constantes.

Constante n° 1 : votre première année (L1) sera toujours divisée en 2 **semestres** et votre licence (L1 – L2 – L3) en 6 semestres soit :

- L1 : Semestre 1 et Semestre 2
- L2 : Semestre 3 et Semestre 4
- L3 : Semestre 5 et semestre 6

Constante n° 2 : À l'occasion de chaque semestre, vous allez étudier des matières (le droit constitutionnel, le droit pénal, le droit des obligations, le droit fiscal, etc.), et chacune de ces matières appartient à une **Unité d'enseignement (UE)**.

Constante n° 3 : Les **ECTS** (*European Credits Transfer System ou Système européen de transfert et d'accumulation de crédits en français*) permettent la reconnaissance des programmes d'études des différents programmes de l'Union européenne.
1 semestre validé = 30 crédits ECTS soit 60 crédits ECTS pour une année validée soit 180 crédits ECTS pour la licence (3 années).

Constante n° 4 : 3 types de résultats sont possibles sur votre relevé de notes :

1. ADM : « admis ». BRAVO !
2. AJ : « ajourné(e) ». L'étudiant ajourné n'a pas rempli les conditions de validation de l'année (possibilité de passer les examens de session 2)
3. DEF : « défaillant ». L'étudiant défaillant ne s'est pas présenté à une ou plusieurs épreuves – absence(s) justifiée(s) ou non — (possibilité de passer les examens de session 2)

Constante n° 5 : 2 principes s'appliquent en matière de règles de calcul :

1. La capitalisation : un semestre, une matière ou une UE validé(e) est définitivement acquis(e) et capitalisé(e).
2. La compensation : vous pouvez ne pas valider une UE ou une matière, mais tout de même valider le semestre et/ou l'année grâce au système de compensation des notes, par exemple :
   - entre les matières comprises dans une UE
   - entre les UE d'un même semestre
   - entre les deux semestres d'une année

Attention : Ne pas confondre Unité d'Enseignement (UE) et Matière. L'Unité d'enseignement est un ensemble pédagogique c'est-à-dire un groupe d'éléments poursuivant un même but d'apprentissage. Les matières sont un enseignement faisant partie de l'Unité d'enseignement. Une UE peut donc être composée d'une ou plusieurs matières en fonction de l'objectif pédagogique recherché.

C. La différence entre le cours magistral et les travaux dirigés

Les cours magistraux se déroulent en amphithéâtre et consistent à écouter l'enseignant installé sur la chaire et prendre en notes ce qui est dit. Il s'agit de la délivrance du savoir théorique. Vous n'êtes pas en position passive, bien au contraire : le cours magistral requiert de l'attention, de l'écoute et une prise de notes sûre.

Les travaux dirigés ont lieu dans des salles de classe et consistent en la reprise de certains thèmes, développés généralement en cours magistral. Vous devez, non seulement, être actif en amont, puisque les travaux dirigés doivent être préparés à la maison, mais aussi pendant le TD, car c'est le moment de prendre la parole, de discuter et de mettre vos connaissances en pratique avec la réalisation de divers exercices juridiques tels que la dissertation, le commentaire de texte ou le cas pratique.

D. Travailler les cours magistraux

1. La prise de notes

Attention : les exemples ne doivent pas passer à la trappe, bien au contraire, ils vous permettront de mieux comprendre le contenu du cours lorsque vous serez seul face à lui.

Vous devez être à l'aise avec la prise de notes. Que vous tapiez ou écriviez votre cours, une fois rentré chez vous, ne le retapez ou ne le réécrivez pas au propre : c'est une perte de temps ! Et du temps, il va vous en falloir pour bien d'autres choses ! Il est donc important que vos notes soient sûres et claires dès la première prise. Tout ce que dit le professeur ne doit pas être écrit mais l'essentiel n'est pas non plus suffisant. Vous devez être capable de noter un maximum d'informations et de faire la différence entre ce qui mérite d'être retenu et ce qui nécessite une écoute attentive – vous permettant ainsi de faire une pause.

2. La lecture

La relecture, malgré son importance, ne vous prendra pas beaucoup de temps : comptez environ quarante-cinq minutes pour relire correctement un cours de deux heures.

Relisez vos notes avant d'aller au cours suivant. Par exemple, si vous avez cours magistral d'Introduction générale au droit le mardi matin, vous devez relire le cours du mardi précédent le lundi soir, afin de relancer votre mémoire et de savoir quels sujets ont été et seront abordés. Profitez de ce temps de lecture pour, d'une part, corriger vos fautes d'orthographe et de syntaxe (inutile d'apprendre de nouvelles fautes d'orthographe) et, d'autre part, identifier (en les soulignant ou surlignant) les idées motrices, à connaître par cœur.

3. L'apprentissage

Les connaissances juridiques ne sont pas innées, vous allez devoir passer par la case « apprentissage ». Attention, de faibles connaissances ne vous permettront pas de réussir. Vous devez acquérir de solides connaissances et seul un apprentissage sérieux de vos cours vous le permettra. Pour apprendre, vous devez mémoriser !

Afin de mémoriser votre cours, vous devez assimiler le savoir délivré par l'enseignant, en sachant à quelle famille votre mémoire appartient (v. Quel type de mémoire avez-vous ?, p. 11) et en travaillant toujours avec le plan de votre cours. En effet, avant de vous lancer dans l'apprentissage de la matière, il est primordial que vous fassiez connaissance avec son plan. Cela vous aide à prendre du recul sur la matière et surtout à comprendre sa structure, ses différents thèmes, l'ordre d'étude de ses thèmes, etc. Mémoriser le plan est un moyen sûr de mobiliser les bonnes connaissances au bon moment. Une fois ce travail effectué, vous pouvez commencer à apprendre le contenu du plan, c'est-à-dire ses développements.

Vous l'aurez compris, le temps d'apprentissage du cours magistral n'est pas le même que celui de lecture. Il se fait à une période différente et prend plus de temps. Vous devez savoir combien de pages à l'heure vous êtes capable d'apprendre (v. p. 10). Cela vous permettra de vous fixer sur le temps nécessaire pour apprendre un cours dans sa totalité. En règle générale, un étudiant en première année peut retenir cinq pages manuscrites ou deux pages tapées à l'heure. Cet exercice, comme la lecture, doit être effectué chaque semaine : ne prenez pas de retard et soyez à jour.

E. À la découverte du plan

EXEMPLE DU PLAN DU COURS « DROIT DES LIBERTÉS FONDAMENTALES »

PREMIÈRE PARTIE : LA THÉORIE GÉNÉRALE DES DROITS ET LIBERTÉS FONDAMENTAUX

Titre 1 : Des droits de l'Homme à l'internationalisation des droits fondamentaux

Chapitre 1 : L'affirmation des droits de l'Homme

Section 1 : L'Histoire des droits de l'Homme
Section 2 : Les différentes classifications des droits en adéquation avec les grandes périodes de l'Histoire

Chapitre 2 : L'enracinement des Droits de l'Homme : l'État de droit

Section 1 : La limitation et le contrôle du pouvoir dans l'État de droit
Section 2 : L'État de droit et le contrôle du pouvoir

Chapitre 3 : L'internationalisation de la protection des droits fondamentaux

Section 1 : Les instruments internationaux relatifs aux droits fondamentaux
Section 2 : La Cour européenne des Droits de l'Homme
Section 3 : La protection des droits fondamentaux dans l'Union européenne

Titre 2 : La protection nationale des droits fondamentaux

Chapitre 1 : La garantie constitutionnelle

Section 1 : Le bloc de constitutionnalité
Section 2 : L'aménagement des droits et libertés dans l'ordre juridique interne

Chapitre 2 : La protection assurée par le juge

Section 1 : La protection assurée par le juge constitutionnel
Section 2 : La protection assurée par le juge ordinaire

Chapitre 3 : Les garanties non juridictionnelles

Section 1 : Le rôle du Parlement
Section 2 : Le rôle des citoyens

.../...

DEUXIÈME PARTIE : LES DROITS ET LIBERTÉS FONDAMENTAUX PROTÉGÉS

Titre 1 : Le droit au respect de la personne

Chapitre 1 : La dignité de la personne humaine

Section 1 : La reconnaissance internationale du principe de dignité humaine : l'interdiction de la torture et des traitements inhumains et dégradants (CEDH, art. 3)

Section 2 : L'intégration du droit au respect de la dignité en droit constitutionnel interne

Chapitre 2 : Le droit à la vie et au respect de l'intégrité physique

Section 1 : Le droit à la vie

Section 2 : La protection du corps humain

Chapitre 3 : Le principe d'égalité

Section 1 : L'affirmation du principe d'égalité

Section 2 : L'application du principe d'égalité et les moyens de la lutte contre les discriminations

Titre 2 : La liberté individuelle

Chapitre 1 : Le droit à la liberté et à la sûreté

Section 1 : Les principes garantissant la liberté individuelle et la sûreté

Section 2 : Le régime juridique des privations de liberté

Chapitre 2 : La liberté d'aller et venir

Section 1 : Un principe de liberté pour les nationaux et citoyens de l'Union européenne

Section 2 : Les limitations de la liberté de circulation des étrangers

Section 3 : Le droit d'asile

Chapitre 3 : Le droit au respect de la vie privée

Section 1 : Le droit au respect du domicile

Section 2 : Le droit au libre choix de sa vie privée (mariage, orientation sexuelle)

Section 3 : Le droit au secret

Titre 3 : Les libertés civiles et politiques

Chapitre 1 : La liberté d'opinion et de conscience

Section 1 : La liberté des citoyens face aux autorités publiques

Section 2 : La liberté d'opinion dans les relations entre particuliers

Chapitre 2 : La liberté de la presse et de la communication

Section 1 : La liberté et ses limites

Section 2 : Le régime juridique de la presse

Section 3 : La communication audiovisuelle

Chapitre 3 : Les libertés d'expression collective

Section 1 : La liberté d'association

Section 2 : Les libertés de réunion et de manifestation

1. Complétez le résumé du cours ci-dessous à l'aide des mots suivants.

1. la presse et de la communication
2. ordinaires
3. régime juridique
4. constitutionnel
5. trois
6. deux
7. Titre 2
8. non juridictionnelles
9. sûreté
10. réunion
11. principe d'égalité
12. régimes de privation de libertés
13. constitutionnels
14. expressions collectives
15. droits et libertés fondamentaux
16. vie privée
17. personne humaine
18. nationaux
19. libertés civiles et politiques
20. la protection
21. manifestation
22. droit national
23. droit international
24. droit à la vie
25. étrangers
26. secret
27. Parlement
28. citoyens de l'Union européenne
29. citoyens

Résumé du cours

Le cours « Droit des libertés fondamentales » est composé de ....6.. parties. La première partie présente la théorie générale des ......15.........., la seconde partie étudie leur ....3...... .

Au sein de la première partie, deux titres : l'un consacré à ....20..... des droits fondamentaux par le ......22......... et l'autre à la protection de ces mêmes droits par le .....22.... . En France, on peut estimer qu'il existe trois types de garanties : la garantie par les textes ......13........, la garantie juridictionnelle (le juge ....4...... et les juges ...2.......) et les garanties ....8....... avec le rôle joué par le ....27...... et les ....28........ .

Au sein de la deuxième partie, ...5... grandes familles de libertés sont étudiées. Premièrement le respect de la .....17..... (Titre 1) qui comprend la dignité humaine, le ....24....... et le respect de l'intégrité physique, et le ....11 . Deuxièmement, la liberté individuelle (.......7.......) qui intéresse le droit à la liberté et à la .....9... - Principes et ....12......... - la liberté d'aller et venir - pour les .....18..., pour les ....28................. et pour les ......25... - et le droit au respect de la ...16.. c'est-à-dire pour cette dernière le droit au respect du domicile, du choix de sa vie privée et le droit au ..26... Troisièmement, les ....15....... (Titre 3) que sont la liberté d'opinion et de conscience, la liberté de ....1........ et les libertés d'..........14..... telles que la liberté d'association et les libertés de ....10........ et de ....21. .

2. En six lignes, résumez le plan du cours présent à la page 14 et 15.

1. 1re partie :

....

....

....

2. 2e partie :

....

....

....

F. À la découverte d'un cours magistral

Voici un extrait de cours magistral tel que vous pourriez le prendre en note.

3. Indiquez où nous sommes dans le plan, puis surlignez les idées motrices de l'extrait suivant.

Cours magistral « Droit des Libertés fondamentales »

Section 1 : L'interdiction de la torture et des traitements inhumains et dégradants

L'article 3 de la Convention européenne des droits de l'Homme « Nul ne peut être soumis à la torture ni à des peines ou traitements inhumains ou dégradants ».

L'article 3 de la CEDH est intéressant car il permet d'assurer la garantie du respect de la dignité humaine.

Définition de la dignité : respect que mérite quelque chose ou quelqu'un. Définition de la dignité humaine : respect de la personne humaine.
L'interdiction des traitements ou peines inhumains ou dégradants ainsi que celle de la torture visent à garantir l'intégrité physique et morale de la personne humaine car ces traitements portent atteinte au principe du respect de la dignité de la personne humaine.

§1 Présentation de l'article 3 de la CEDH

Les droits et libertés garantis tant par la Constitution française que par les textes internationaux ne sont pas intangibles, c'est-à-dire qu'il est possible pour les États soit de les restreindre soit de les concilier avec un autre droit ou une autre liberté. En effet, lorsque certaines conditions exceptionnelles sont remplies (comme l'existence de troubles à l'Ordre public), les États peuvent restreindre certains droits et libertés garantis soit par leur ordre juridique soit par l'ordre juridique international. Exemple : la mise en place de l'état d'urgence en novembre 2015 qui permet de restreindre certaines libertés comme celle d'aller et venir avec la mise en place des couvre-feux ou encore la protection de la vie privée et du domicile avec la possibilité de procéder à des perquisitions de nuit. De même, lorsque deux droits ou deux libertés entrent en conflit, il est possible pour l'État de les concilier (ce qui signifie qu'ils ne seront pas pleinement exercés). Exemple, le mercredi 9 mars 2016 deux droits sont entrés en conflit, le droit de grève et le principe de continuité du service public – l'État n'a pas choisi l'un ou l'autre mais a tenté de les concilier en permettant la grève et en s'assurant de l'effectivité du service minimum.

ATTENTION, cette possibilité de déroger accordée aux États ne s'applique pas à l'ensemble des droits et libertés. Il existe en effet des droits intangibles. C'est le cas de l'interdiction de la torture et des peines ou traitements inhumains ou dégradants qui est une interdiction absolue et insusceptible de dérogations, RIEN n'autorise la levée de cette interdiction ! Il s'agit d'un droit essentiel au respect de la dignité humaine. La Cour européenne des droits de l'Homme a rappelé dans son arrêt *Soering* du 7 juillet 1989 que cette interdiction était « une des valeurs fondamentales des sociétés démocratiques qui forment le Conseil de l'Europe ».

Ce caractère absolu se remarque très bien au travers de la lecture de deux autres textes internationaux :

– l'article 7 du Pacte international relatif aux droits civils et politiques : « Nul ne sera soumis à la torture ni à des peines ou traitements cruels, inhumains ou dégradants » ;

– l'article 4 de la Charte des droits fondamentaux de l'Union européenne : « Nul ne peut être soumis à la torture, ni à des peines ou traitements inhumains ou dégradants ».

§2 Contenu de l'article 3 de la CEDH

A. Les traitements et peines inhumains et dégradants

Aucun texte ne définit les notions de traitements et peines inhumains et de traitements dégradants, c'est donc à la Cour européenne des droits de l'Homme qu'est revenue la mission de déterminer les contours de ces deux notions.

1. Les peines et traitements dégradants

Les peines et traitements dégradants, ont été définis par la Cour européenne des droits de l'Homme dans un arrêt du 25 avril 1978, *Tyrer c/ Royaume-Uni* (où il était question de fustigation judiciaire alors en vigueur dans l'île de Man) comme ceux qui « humilient l'individu grossièrement devant autrui ou le poussent à agir contre sa volonté ou sa conscience » ou qui abaisse l'individu « à ses propres yeux ».

> Le traitement ou la peine dégradante provoque chez la victime un sentiment d'humiliation.

Exemples :

– sera considéré comme un traitement dégradant, le fait pour une personne, placée dans un centre de dégrisement, de se déshabiller complètement devant une autre personne du sexe opposé (CEDH, *Wiktorko c/ Pologne*, 31 mars 2009) ;

– idem pour l'installation d'un détenu dans une cage de métal lors de son procès public (CEDH, *Ashot Harutyunyan c/ Arménie*, 15 juin 2010).

2. Les peines et traitements inhumains

Les traitements et peines inhumains ont été définis par la Cour européenne des droits de l'Homme, dans un arrêt du 18 janvier 1978, *Irlande c/ Royaume-Uni* (il était dans cette affaire question de qualifier les techniques d'interrogatoires utilisées par les forces britanniques pour lutter contre l'IRA en Irlande du Nord) comme des actes qui provoquent volontairement des souffrances physiques ou mentales particulièrement graves.

.../...

> Le caractère inhumain est établi par les vives souffrances physiques et morales.

Exemples :

– sera considéré comme traitement inhumain le maintien en détention d'un détenu inconciliable avec son état de santé (CEDH, 14 nov. 2002, *Mouisel c/ France*) ;

– idem pour la qualification de très mauvaises conditions de détention (CEDH, 19 avr. 2001, *Peers c/ Grèce*).

B. La Torture

À la différence des peines ou traitements inhumains ou dégradants, il existe un texte pour définir la torture, la Convention contre la torture adoptée par l'Assemblée générale de l'ONU le 3 décembre 1984 : « le terme « torture » désigne tout acte par lequel une douleur ou des souffrances aiguës, physiques ou mentales, sont intentionnellement infligées à une personne aux fins notamment d'obtenir d'elle ou d'une tierce personne des renseignements ou des aveux, de la punir d'un acte qu'elle ou une tierce personne a commis ou est soupçonnée d'avoir commis, de l'intimider ou de faire pression sur elle ou d'intimider ou de faire pression sur une tierce personne, ou pour tout autre motif fondé sur une forme de discrimination quelle qu'elle soit, lorsqu'une telle douleur ou de telles souffrances sont infligées par un agent de la fonction publique ou toute autre personne agissant à titre officiel ou à son instigation ou avec son consentement exprès ou tacite. »

- douleurs, physiques ou mentales, aiguës ;
- infligées volontairement ;
- dans le but d'obtenir des renseignements ET/OU de punir ET/OU de faire pression ET/OU motif fondée sur la discrimination ;
- par un agent public.

Exemples :

– *la* Cour européenne des droits de l'Homme va condamner dans un arrêt du 18 décembre 1996, *Aksoy c/ Turquie* l'État turc pour acte de torture auprès d'un individu détenu à la section antiterroriste de la direction de la sûreté à Mardin (celui-ci avait été suspendu par les bras, soumis à des décharges électriques et battu) ;

– la qualification de torture a également été retenue dans un arrêt du 28 juillet 1999, *Selmouni c/ France*. L'État français a été reconnu coupable de torture policière pendant une garde à vue (coups multiples intenses puisque l'intéressé en garde de nombreuses traces, cheveux tirés, menace avec un chalumeau, puis une seringue...).

4. Lisez l'extrait de cours magistral ci-dessus, puis répondez aux questions suivantes en cochant les bonnes réponses.

1. L'article 3 de la CEDH :

❏ A. Interdit toutes sanctions physiques et la torture

❏ B. Interdit les traitements et peines inhumains ou dégradants et la torture

❏ C. Autorise les traitements ou peines dégradants et interdit les traitements ou peines inhumains ainsi que la torture

2. Tous les droits et libertés consacrés sont intangibles.

❏ A. Vrai, aucune restriction n'est possible

❏ B. Faux, il est possible pour les États de les restreindre

❏ C. Faux, tous les droits sont susceptibles de restriction par les États à l'exception d'un noyau dur auquel appartient l'interdiction posée par l'article 3 de la CEDH

3. Le traitement ou la peine dégradant :

❏ A. Humilie l'individu

❏ B. Cause des souffrances physiques ou mentales graves

❏ C. Rabaisse l'individu

4. Les peines ou traitements inhumains sont :

❏ A. Des actes involontaires provoquant des souffrances physiques graves

❏ B. Des actes intentionnels provoquant des souffrances physiques ou morales aiguës

❏ C. Des actes intentionnels provoquant des souffrances physiques ou mentales particulièrement graves

5. En matière de torture les souffrances doivent être :

❏ A. Importantes

❏ B. Aiguës

❏ C. Graves

6. Les éléments constitutifs de la torture selon la Convention contre la torture sont au nombre de :

❏ A. 2

❏ B. 3

❏ C. 4

7. La France a été condamnée pour traitements inhumains dans l'affaire :

❏ A. *Selmouni c/ France*

❏ B. *Mouisel c/ France*

❏ C. *Tyrer c/ Royaume-Uni*

G. Travailler les travaux dirigés

En plus des cours magistraux, votre semaine sera rythmée par les travaux dirigés (v. La différence entre le cours magistral et les travaux dirigés, p. 14). Ces travaux dirigés (TD) vont vous demander un temps de préparation important, car c'est à cette occasion que vous allez vous entraîner aux différents exercices juridiques, tels que la dissertation, le commentaire de texte, la fiche d'arrêt, le commentaire de décision, etc. Il vous sera demandé à chaque séance de préparer un exercice juridique. Pour cela, il faut adopter une méthode rigoureuse de travail vous permettant non seulement de réaliser et de réussir l'exercice, mais aussi de ne pas vous perdre dans les méandres de vos recherches.

Votre enseignant va, en amont, vous communiquer une plaquette dans laquelle vous trouverez des documents relatifs aux thèmes développés pendant les séances de travaux dirigés ainsi que les différents exercices que vous devrez effectuer. Très souvent, ces derniers prennent la forme de questions ciblées et, bien sûr, d'une dissertation, d'un commentaire, d'une fiche d'arrêt, etc.

Afin de réaliser au mieux cette préparation, suivez ces ***trois phases*** :

- ***la lecture :*** localisez la partie qui concerne le thème de votre séance de TD dans votre cours magistral et votre manuel (v. *infra*). Lisez les documents de la plaquette ;

- ***les réponses :*** répondez aux questions posées par votre enseignant. Pour cela, il vous est fortement déconseillé d'aller sur internet : vous allez perdre du temps et pire encore vous allez vous perdre ! Le but n'est pas d'amasser un maximum d'informations, que vous ne parviendrez pas à traiter, pour la plupart du temps, mais bien de spécialiser votre réflexion autour d'une ou deux problématiques. C'est la raison pour laquelle vous ne devez utiliser que votre cours, votre manuel et les documents insérés dans la plaquette : cela est suffisant ! Internet vous sera utile en d'autres temps mais pas pour la préparation de vos TD ;

- ***l'exercice :*** bravo, vous venez d'acquérir suffisamment de matière juridique pour réaliser l'exercice final ! Mettez-vous dans les conditions de l'examen et limitez-vous en temps.

Les études de droit vont vous conduire très rapidement à effectuer des recherches documentaires. En effet, vous n'allez pas pouvoir vous satisfaire de vos cours pour travailler. Vous allez devoir entreprendre une démarche active et autonome en allant effectuer des recherches qui vous permettront de réaliser vos différents travaux (dissertation, exposés, commentaire de texte) et de compléter vos cours magistraux et travaux dirigés. Vous allez donc entrer dans une bibliothèque universitaire !

Les outils de la recherche documentaires sont nombreux et peuvent être classés en différentes catégories allant du général au particulier :

- ***les lexiques :*** en tant qu'étudiant en première année de droit vous ne devrez plus quitter votre lexique jusqu'à la fin de vos études. C'est l'achat le plus pérenne que vous puissiez faire. C'est un outil indispensable qui vous aidera à définir et à comprendre les notions juridiques ;

- ***les ouvrages :*** généraux ou spécialisés, ils évoquent un ou plusieurs points de droit en fonction de la spécialisation de leur auteur ;

- ***les manuels :*** précieux pour approfondir vos cours et préparer vos travaux dirigés, ils se rangent par matière et sont dédiés le plus souvent à une branche du droit ;

- ***les articles de doctrine :*** vous les trouverez dans des revues juridiques et pourrez, grâce à eux, approfondir un point précis de droit ;

- ***la jurisprudence :*** solution apportée par les différentes juridictions nationales, internationales et européennes, il est essentiel que vous appreniez à soutenir et à illustrer vos travaux par cette source considérable ;

- ***les sources juridiques :*** la Constitution, les lois, les traités, les directives et règlements européens, les ordonnances, les décrets, les arrêtés, etc. Tout autant de règles de droit dispersées aux quatre vents du monde juridique. Pour faciliter leur recherche, vous aurez, bien sûr, vos cours, mais vous devez également visiter et devenir un habitué du site *Legifrance.gouv.fr*, véritable compilateur des textes juridiques en vigueur.

5. Attribuez chacun des articles ci-dessous au code qui lui correspond.

1. Code électoral	2. Code de justice militaire	3. Code de l'aviation civile	4. Code de la sécurité sociale	5. Code civil

6. Code du sport	7. Code des communes	8. Code de commerce	9. Code pénal	10. Code de l'éducation	11. Code de la défense

A. Article L410-1 : Le commandant, les pilotes, les mécaniciens et toute personne faisant partie du personnel chargé de la conduite d'un aéronef doivent être pourvus de titres aéronautiques et de qualifications dans des conditions déterminées par arrêté du ministre chargé de l'aviation civile et, le cas échéant, du ministre de la défense. Les titres aéronautiques désignés sous l'appellation de brevets, licences ou certificats attestent l'acquisition de connaissances générales théoriques et pratiques et ouvrent le droit à leurs titulaires de remplir les fonctions correspondantes, sous réserve, le cas échéant, de la possession des qualifications propres à un type d'appareil, à un équipement ou aux conditions de vol et de l'aptitude médicale requise correspondante. Les brevets sont délivrés par le ministre chargé de l'aviation civile et, le cas échéant, le ministre de la défense après examen et sont définitivement acquis. Les licences, les certificats et les qualifications sont délivrés par les mêmes autorités ministérielles après examen et sont soit acquis définitivement, soit valables pour une période limitée. Dans ce dernier cas, le maintien de leur validité est soumis à la vérification des aptitudes requises. Lorsqu'il n'est pas délivré de brevet associé à la licence, celle-ci a valeur de brevet et est définitivement acquise. Certains aéronefs monoplaces ou biplaces non motorisés, en raison de leurs caractéristiques particulières, notamment de masse et de vitesse, peuvent être pilotés sans titre aéronautique dans des conditions fixées par arrêté du ministre chargé de l'aviation civile.

B. Article 343 : L'adoption peut être demandée par deux époux non séparés de corps, mariés depuis plus de deux ans ou âgés l'un et l'autre de plus de vingt-huit ans.

…/…

Zoom sur la codification : La codification est le regroupement des règles de droit applicables à une matière dans un document unique : le code. Elle tend à faciliter l'accès aux règles de droit d'une même matière ainsi que leur compréhension.
Un code se présente souvent en deux parties : la partie législative, regroupant les lois, et la partie réglementaire, réunissant les textes issus du pouvoir réglementaire, tels que les décrets et les arrêtés. Dans ces parties, vous trouverez des divisions de type « livres, titres et chapitres ». Au sein de chacune d'entre elles se trouvent des articles, commençant tous par une lettre en fonction de leur appartenance à la partie législative (L.O. pour les lois organiques et L. pour les lois ordinaires) ou à la partie réglementaire (R. pour les décrets en Conseil d'État, D. pour les décrets simples et A. pour les arrêtés). S'ensuit le numéro de l'article. Il existe une exigence de parallélisme entre les parties législative et réglementaire.
Les numéros des dispositions législatives coïncident avec ceux des articles réglementaires qui leur correspondent.
Il existe de nombreux codes, puisque le droit ordonne de nombreux domaines.

C. Article L2341-1 : Sont interdits la mise au point, la fabrication, la détention, le stockage, le transport, l'acquisition, la cession, l'importation, l'exportation, le commerce et le courtage des agents microbiologiques, des autres agents biologiques et des toxines biologiques, quels qu'en soient l'origine et le mode de production, des types et en quantité non destinés à des fins prophylactiques, de protection ou à d'autres fins pacifiques.

D. Article L111-2 : Tout enfant a droit à une formation scolaire qui, complétant l'action de sa famille, concourt à son éducation. La formation scolaire favorise l'épanouissement de l'enfant, lui permet d'acquérir une culture, le prépare à la vie professionnelle et à l'exercice de ses responsabilités d'homme et de citoyen. Elle prépare à l'éducation et à la formation tout au long de la vie. Elle développe les connaissances, les compétences et la culture nécessaires à l'exercice de la citoyenneté dans la société contemporaine de l'information et de la communication. Elle favorise l'esprit d'initiative. Les familles sont associées à l'accomplissement de ces missions. Pour favoriser l'égalité des chances, des dispositions appropriées rendent possible l'accès de chacun, en fonction de ses aptitudes et de ses besoins particuliers, aux différents types ou niveaux de la formation scolaire. L'État garantit le respect de la personnalité de l'enfant et de l'action éducative des familles.

E. Article L2 : Sont électeurs les Françaises et Français âgés de dix-huit ans accomplis, jouissant de leurs droits civils et politiques et n'étant dans aucun cas d'incapacité prévu par la loi.

F. Article 214-1 : Le fait de mettre en œuvre une pratique eugénique, tendant à l'organisation de la sélection des personnes, est puni de trente ans de réclusion criminelle et de 7 500 000 euros d'amende.

G. Article L224-1 : Les supporters et les associations de supporters, par leur comportement et leur activité, participent au bon déroulement des manifestations et compétitions sportives et concourent à la promotion des valeurs du sport.

H. Article L161-3 : Les prestations en espèces de l'assurance maternité sont attribuées dans les mêmes conditions d'un montant minimum de cotisations ou de durée minimale de travail salarié que les prestations en espèces de l'assurance maladie, la date de référence étant celle du début, soit de la grossesse, soit du repos prénatal.

I. Article L112-1 : En temps de guerre, il est établi, sur le territoire de la République, des tribunaux territoriaux des forces armées. Leur ressort s'étend, soit sur tout ou partie d'une ou plusieurs régions militaires, soit sur une ou plusieurs circonscriptions militaires d'outre-mer, soit sur une ou plusieurs de ces régions et circonscriptions. Ces tribunaux comportent une ou plusieurs chambres de jugement et une chambre de l'instruction. Ils sont désignés par le nom de la localité où leur siège a été fixé. Ils peuvent se réunir en tous lieux de leur ressort.

J. Article R414-1 E : Il est établi pour chaque agent une fiche annuelle de notes comportant les indications prévues à l'article L. 414-1. La fiche annuelle de notes est annexée au dossier de l'agent.

K. Article R2 : Les personnes qui, frappées d'incapacité électorale à la suite d'une condamnation, bénéficient de la réhabilitation ou font l'objet d'une mesure d'amnistie, doivent solliciter leur inscription à compter de la date de cessation de leur incapacité.

L. Article D122-1 : L'Étranger résidant hors de France tenu en application de l'article L. 122-1 à une obligation de déclaration pour l'exercice sur le territoire français d'une profession commerciale, industrielle ou artisanale dans des conditions rendant nécessaire son inscription ou sa mention au registre du commerce et des sociétés ou au répertoire des métiers adresse, préalablement à celles-ci, une déclaration au préfet du département dans lequel il envisage d'exercer pour la première fois son activité. [...]

3 • La matière « Droit »

A. Vocabulaire et abréviations 1

1. Le vocabulaire

En choisissant des études de droit, vous entrez dans le monde juridique. Afin de faciliter cette entrée, il est essentiel que vous adoptiez son vocabulaire et que vous le compreniez rapidement. Le droit requiert l'utilisation de termes précis, voire techniques, que vous ne connaissez pas en début de première année et que vous continuerez à découvrir tout au long de vos études. Il est donc conseillé de vous procurer un lexique ou un dictionnaire juridique et de vous constituer un carnet de vocabulaire. Ces outils vous seront indispensables pendant vos études et même au-delà.
Dans certains cas, les termes ne vous seront pas inconnus, mais vous vous apercevrez très vite que vous n'en mesurez pas la portée juridique. Par exemple, le terme « prénom » est utilisé dans la vie courante comme le « nom précédant le patronyme » (dictionnaire Larousse). En droit, le prénom complète le nom de famille (et non pas le patronyme) dans l'identification de la personne physique. Le prénom est librement donné par les parents, sauf s'il est contraire à l'intérêt de l'enfant.

Dans d'autres cas, vous découvrirez les termes en même temps que leur portée. Par exemple, le « contrat synallagmatique » qui crée, pour chacune des parties, des obligations réciproques.
Faites bien attention, aux faux amis comme le terme « grosse » qui, selon le dictionnaire Larousse, est « un adjectif qualifiant quelque chose ou quelqu'un dépassant sa catégorie », alors qu'en droit il s'agit de la copie d'un acte authentique ou d'un jugement qui revêt une forme exécutoire.

Le droit est également une matière qui utilise beaucoup les citations latines. Si vous devez citer une maxime en latin, vous ne pouvez pas vous tromper dans sa formulation. Vous devez donc les apprendre par cœur. De plus, une expression latine doit être mise en italique. Voici quelques exemples de citations en latin que vous pourrez utiliser dès votre première année :

- *ad hoc* : pour cela ;
- *ad probationem :* pour faire la preuve ;
- *contra legem :* contre la loi ;
- *erga omnes* : à l'égard de tous ;
- *infans conceptus pro nato habetur uoties de commodis ejus agitur* : l'enfant simplement conçu est considéré comme né chaque fois qu'il y va de son intérêt ;
- *inter partes* : entre les parties ;
- *intuitus personae* : en considération de la personne ;
- *jus cogens* : règle impérative (Droit international) ;
- *pacta sunt servanda* : les conventions doivent être respectées (Droit international).

1. Reliez chacun des termes suivants à la définition qui lui correspond.

1. Arrêt	**A.** Décision de justice rendue par les cours d'appel, les cours d'appel administratives, la Cour de cassation ou le Conseil d'État
2. Audience	**B.** Action consistant à porter devant le Conseil constitutionnel la loi à contrôler déclenchant ainsi le contrôle de constitutionnalité
3. Codification	**C.** Opération consistant à regrouper, au sein d'un même document, différentes dispositions intéressant une même matière
4. Contentieux	**D.** Question tranchée par un juge ou un collège de juges en première instance
5. Décision	**E.** Corps hiérarchisé de magistrats chargé de veiller au respect de l'intérêt général et de l'Ordre public
6. Délibéré	**F.** Règles régissant le déroulement d'un procès
7. Demandeur	**G.** Personne à l'initiative de l'instance
8. Inconstitutionnalité	**H.** Tribunal investi du pouvoir juridictionnel
9. Jugement	**I.** Fondement de droit ou de fait venant fonder la demande et la défense
10. Juridiction	**J.** Procédure d'adoption d'une loi par le corps électoral (peuple)
11. Magistrat	**K.** Acte émanant d'une juridiction + acte juridictionnel émanant du Conseil constitutionnel
12. Moyen	**L.** Temps permettant aux juges de discuter et de réfléchir à la solution
13. Procédure	**M.** Phase orale de la procédure permettant à la juridiction d'entendre les parties
14. Parquet	**N.** Membre du corps judiciaire chargé de rendre la justice
15. Référendum	**O.** Existence d'un désaccord
16. Saisine	**P.** Non conforme à la Constitution

Cumuler des définitions n'est pas suffisant. Il faut les apprendre par cœur afin de ne commettre aucune erreur. En effet, les notions juridiques sont nombreuses et ne peuvent pas être abordées de manière légère ou approximative. La définition d'une notion doit être précise et toujours la même, afin qu'elle puisse être appliquée de la même manière à l'égard de tous. Imaginez qu'un magistrat ait une définition différente d'un autre de la notion de vol et que les deux aient à juger une affaire de vol identique. Leur définition étant différente, ils pourraient apporter une solution différente. Or, le droit, au regard de sa fonction qui est de réguler la vie en société, n'est pas une science fluctuante. Le futur juriste doit donc, vous l'aurez compris, être précis et rigoureux dans l'apprentissage, puis dans l'utilisation des notions juridiques.

Les notions sont abordées par le droit de manière très méthodique, puisque la plupart entrent dans des catégories voire des sous-catégories. Il convient de comprendre ce mécanisme d'imbrication avant d'apprendre le contenu des notions. C'est pourquoi, il est très souvent possible, afin de faciliter votre apprentissage, de réaliser des schémas ou des tableaux mettant en scène cette imbrication.

Le droit est un ensemble de règles que l'on va pouvoir classer par branches ou divisions. La première branche du droit est double : elle comprend les divisions « verticales » et les divisions « horizontales ». Les divisions verticales comprennent le droit international, le droit de l'Union européenne et le droit interne. Quant aux divisions horizontales, elles se manifestent par la distinction du droit privé, du droit public et des droits mixtes.

2. Après lecture des définitions ci-dessous, mettez sous forme de tableau les différentes catégories qui constituent les divisions du droit.

Définitions :

Droit international : branche du droit chargée de réglementer les relations entre États. Usuellement on distingue le droit international privé du droit international public, qui se rapporte aux règles applicables entre les États, entre les États et les organisations internationales, entre les organisations internationales et entre les individus et les États. Le droit international privé a pour but de déterminer, pour les relations entre particuliers, l'étendue ou pas de la loi nationale.

Droit de l'Union européenne : ensemble de règles instaurées par les différents traités constitutifs (droit originaire) et adoptées par les institutions de l'UE, afin de réaliser les objectifs fixés par les traités (règlements et directives), et jurisprudence de la Cour de justice de l'Union européenne (droit dérivé). Il entre dans la catégorie « droit public », puisque les traités régissent les rapports entre États membres. Il concerne également le « droit privé », car le droit dérivé peut intéresser les individus.

Droit interne : en vigueur sur le territoire d'un État, le droit interne est issu des différents organes de cet État (Parlement, gouvernement et juridictions). On dit alors que l'État constitue un ordre juridique propre.

Droit privé : ensemble de règles applicables aux particuliers regroupant différentes branches telles que le droit civil, le droit commercial et le droit du travail.

Droit civil : branche du droit organisant les rapports entre personnes privées, son amplitude lui permet d'embrasser l'étude des personnes (état civil, incapacités), des biens (droit de propriété, usufruit, servitudes), de la famille (filiations, unions, séparations), des obligations (contrats et responsabilité contractuelle/délictuelle), etc.

Droit commercial : ensemble des règles applicables aux commerçants, aux sociétés commerciales et aux actes du commerce.

Droit du travail : il gère les relations de travail entre employeurs et salariés.

Droit public : ensemble de règles de droit relatif organisant l'État et les Pouvoirs publics et régissant leurs rapports avec les particuliers, les autres États et les institutions internationales.

Droit constitutionnel : droit de l'État ayant pour objet les limites du pouvoir de celui-ci, il regroupe les règles relatives à son organisation. Ces règles, relatives à la dévolution du pouvoir et à son exercice, s'intéressent donc à la désignation des hommes et des institutions exerçant leur pouvoir, leurs compétences et leurs rapports mutuels.

Droit administratif : ensemble des règles afférentes à l'organisation et au fonctionnement de l'appareil étatique qu'est l'Administration, ainsi que celles relatives aux relations de l'Administration avec les particuliers. Il s'applique entre personnes publiques, mais aussi entre personnes publiques et privées.

Droits mixtes : certaines branches du droit relèvent à la fois du droit privé et du droit public.

Droit pénal : s'intéresse aux règles de droit définissant les infractions, les conditions dans lesquelles leurs auteurs pourront être poursuivis et leurs sanctions. Nous sommes dans le cadre du droit public, puisque L'État est toujours présent au procès pénal, à travers le Ministère public. Cependant, le droit pénal peut également être rattaché au droit privé, car il est appliqué par des juridictions de l'ordre judiciaire sanctionnant les atteintes aux personnes, aux biens et à la Société.

<table>
<tr><th colspan="9">Divisions verticales</th></tr>
<tr><th colspan="2">Droit international</th><th colspan="4">Droit de l'Union européenne</th><th colspan="3">Droit interne</th></tr>
<tr><td>1. ....</td><td>2. ....</td><td>3. ....</td><td colspan="3">4. ....</td><td>5. ....</td><td>6. ....</td><td>7. ....</td></tr>
<tr><td></td><td></td><td>8. ....</td><td>9. ....</td><td>10. ....</td><td>11. ....</td><td></td><td></td><td></td></tr>
</table>

<table>
<tr><th colspan="9">Divisions horizontales</th></tr>
<tr><th colspan="5">Droit privé</th><th colspan="2">Droit public</th><th colspan="2">Droits mixtes</th></tr>
<tr><td colspan="3">1. ....</td><td>2. ....</td><td>3. ....</td><td>4. ....</td><td>5. ....</td><td>6. ....</td><td>7. ....</td></tr>
<tr><td>8. ....</td><td>9. ....</td><td>10. ....</td><td></td><td></td><td></td><td></td><td></td><td></td></tr>
</table>

2. Les abréviations

Les abréviations, très présentes en droit, sont la réduction graphique d'un mot ou le signe conventionnel destiné à simplifier l'écriture de ce mot. Vous les rencontrerez souvent, c'est pourquoi vous devez connaître très rapidement les plus courantes. Chaque domaine du droit dispose de ses propres abréviations et vous en croiserez de nouvelles, dès lors que vous aborderez une nouvelle spécialité. Ces abréviations peuvent correspondre à des mots ou groupe de mots extrêmement variés, tels que :

- les revues juridiques : RFDC (Revue française de droit constitutionnel), RTD civ. (Revue trimestrielle de droit civil), APD (Archives de philosophie du droit) ;
- les différentes formations des cours de justice : CPI (Cour pénale internationale), CAA (Cour administrative d'appel), CIJ (Cour internationale de justice) ;
- les codes : C. civ. (Code civil), C. pén. (Code pénal), CESEDA (Code de l'entrée et du séjour des étrangers et du droit d'asile) ;
- les décisions des cours de justice : Cass. 1re civ., 2e civ. ou 3e civ. (arrêt d'une chambre civile de la Cour de cassation 1re, 2e ou 3e), DC (décision du Conseil constitutionnel portant sur le contrôle de constitutionnalité des lois), REF (Décision du Conseil constitutionnel portant sur le contrôle de constitutionnalité des opérations de référendum) ;
- les professionnels du droit : JJ (Juge judiciaire), JA (Juge administratif), OPJ (Officier de police judiciaire) ;
- les textes normatifs : D.-L. (décret-loi), ord. (ordonnance), dir. (directive), etc.

Attention, l'apprentissage de ces abréviations doit être effectué avec rigueur, car il n'en existe qu'une correcte, toutes les autres (notamment celles qui pourraient sortir de votre imagination) ne sont pas valables et leur utilisation pourrait vous être préjudiciable. Vous devez donc veiller à reproduire, dans vos travaux, ces abréviations telles qu'elles vous sont présentées dans vos différents ouvrages en respectant l'endroit où le mot est coupé, les majuscules et les points.

Connaître les abréviations vous permettra, non seulement de les décrypter, lorsque vous lirez des ouvrages qui les contiennent, mais également de gagner du temps dans la prise de notes de vos cours. En revanche, vous ne pouvez pas vous en servir dans vos copies, celles-ci doivent contenir les mots ou groupes de mots en entier. Les abréviations pourraient vous être préjudiciables lors de la correction.

3. Reliez chacune des abréviations suivantes au mot ou groupe de mots auquel elle correspond.

1. Cass. ass. plén.
2. CE
3. CEDH
4. CJUE
5. Cass. ch. mixte
6. Cass. ch. réunies
7. Cons. const.
8. D.
9. TI
10. UE
11. JAF
12. JAP
13. QPC
14. Req.
15. T. confl.
16. TGI

A. Tribunal des conflits
B. Décret
C. Conseil constitutionnel
D. Tribunal de grande instance
E. Cour de justice de l'Union européenne
F. Question prioritaire de constitutionnalité
G. Juge de l'application des peines
H. Requête
I. Cour de cassation, assemblée plénière
J. Conseil d'État
K. Union européenne
L. Cour européenne des droits de l'Homme
M. Cour de cassation, chambres réunies
N. Tribunal d'instance
O. Juge aux affaires familiales
P. Cour de cassation, chambre mixte

B. Les outils / Les ouvrages

Les études de droit vont vous conduire à ouvrir des livres et à lire différents documents !

Vous aurez besoin d'ouvrages et de documentations pour apprendre vos cours, approfondir vos connaissances et préparer vos travaux dirigés. Il en existe différents types et chacun possède ses spécificités et ne sera donc pas utilisé par l'étudiant de la même manière.

1. Le lexique

Qu'est-ce que c'est ? C'est un dictionnaire juridique, indispensable pour tout étudiant en droit. Vous devez vous procurer un lexique des termes juridique dès votre entrée en Première année. Celui-ci deviendra votre allié durant toutes vos années d'études dès lors que vous rencontrerez de nouvelles notions.

Quand l'utiliser ? Lorsque vous devez définir une nouvelle notion juridique (et elles seront très nombreuses).

2. Le manuel

Qu'est-ce que c'est ? C'est votre cours en plus complet. Il se présente sous la forme d'un cours et son auteur se propose de vous présenter la matière en l'ordonnant autour d'un plan. Il existe autant de manuels que de branches du droit et à l'intérieur de ces branches, de nombreux auteurs vous proposent leurs développements. C'est à vous de choisir : en fonction de sa présentation, de son originalité pédagogique, de son prix, etc.

Quand l'utiliser ? C'est un ouvrage essentiel d'une part pour aller plus loin dans votre cours car il contient des éléments supplémentaires ainsi que des précisions que votre enseignant ne peut pas vous donner lors de son cours et d'autre part, il vous permettra de réaliser vos travaux dirigés car combiné à votre cours vous êtes en possession d'une mine précieuses d'informations.

3. Le code

Qu'est-ce que c'est ? C'est un ouvrage qui regroupe l'ensemble des lois et des règlements s'appliquant dans une même branche de droit. Les règles de droit y sont présentées sous forme d'articles, eux-mêmes regroupés par domaines. Certaines fois, vous pouvez même trouver dans les codes des éléments de jurisprudence permettant d'illustrer la règle de droit.

Quand l'utiliser ? Vous ouvrirez vos codes dès lors que vous serez à la recherche d'une règle de droit. Attention, si beaucoup de branches de droit sont codifiées certaines ne le sont pas ou alors partiellement comme le droit administratif.

4. Le recueil de jurisprudence

Qu'est-ce que c'est ? C'est un ouvrage qui rassemble les décisions rendues par une juridiction telle que la Cour de cassation, le Conseil d'État.

Quand l'utiliser ? Le recueil peut être dématérialisé et vous le consulterez lorsque vous rechercherez une jurisprudence précise. Il vous permettra non seulement d'avoir accès à la décision – dans son intégralité – mais aussi dans certains cas de pouvoir lire les commentaires d'auteurs de la doctrine.

5. La revue

Qu'est-ce que c'est ? C'est une publication périodique spécialisée dans un domaine du droit. Il existe de nombreuses revues juridiques en fonction de leur spécialité. Les revues contiennent des articles de doctrine écrits par des universitaires ou des professionnels du droit.

Quand l'utiliser ? Vous pourrez rechercher des articles dans les revues qui vous permettront de faire vos travaux dirigés ou d'illustrer vos travaux.

C. Lire un arrêt et une décision 2

Les différents arrêts et décisions de justice rendus par les juridictions répondent à certaines ***exigences de fond et de forme***. En fonction de la juridiction et parfois du domaine dans lequel est rendu l'arrêt ou la décision, ces derniers se présentent différemment. En effet, la Cour européenne des droits de l'Homme ne présente pas formellement ses arrêts de la même manière que la Cour de cassation ou que la Cour de justice de l'Union européenne.

Durant vos études de droit, vous devrez lire, appréhender et travailler à partir de ces jugements, il est donc important de ***comprendre leur structure et le raisonnement de leurs auteurs***. Essayons avec trois juridictions françaises : la Cour de cassation, le Conseil d'État et le Conseil constitutionnel.

1. Les arrêts de la Cour de cassation

4. Lisez l'arrêt de rejet de la Cour de cassation ci-dessous, puis complétez-le à l'aide des mots suivants.

L'arrêt de rejet est rendu par la Cour de cassation qui rejette la demande de pourvoi à l'encontre d'un jugement d'une Cour inférieure.

A. Les moyens
C. Les références de l'arrêt
E. Le dispositif
B. La procédure
D. Les faits

1. ....

Cour de cassation
Chambre civile 1
Audience publique du jeudi 16 septembre 2010
N° de pourvoi : 09-67456
Rejet

2. ....

Attendu que la société Encore Events (la société) avait organisé, dans un local parisien et à partir du 12 février 2009, une exposition de cadavres humains « plastinés », ouverts ou disséqués, installés, pour certains, dans des attitudes évoquant la pratique de différents sports, et montrant ainsi le fonctionnement des muscles selon l'effort physique fourni ;

3. ....

que les associations « Ensemble contre la peine de mort » et « Solidarité Chine », alléguant un trouble manifestement illicite au regard des articles 16 et suivants du Code civil, L. 1232-1 du Code de la santé publique et 225-17 du Code pénal, et soupçonnant par ailleurs au même titre un trafic de cadavres de ressortissants chinois prisonniers ou condamnés à mort, ont demandé en référé la cessation de l'exposition, ainsi que la constitution de la société en séquestre des corps et pièces anatomiques présentés, et la production par elle de divers documents lui permettant de justifier tant leur introduction sur le territoire français que leur cession par la fondation ou la société commerciale dont elle prétendait les tenir ;
[...]

Et sur le second moyen du même pourvoi :

Attendu que la société fait grief à l'arrêt attaqué (Cour d'appel de Paris, 30 avril 2009) d'avoir dit y avoir lieu à référé et de lui avoir fait interdiction de poursuivre l'exposition des corps et pièces anatomiques litigieuse,

1°/ [...]

.../...

4. ....

alors, selon le moyen :

2°/ que le respect dû au corps humain ne cesse pas avec la mort et les restes des personnes décédées, y compris les cendres de celles dont le corps a donné lieu à crémation, doivent être traités avec respect, dignité et décence ; qu'en l'espèce, pour déterminer si les corps exposés avaient été traités avec respect, dignité et décence, la cour d'appel a recherché s'ils avaient une origine licite et, plus particulièrement, si les personnes intéressées avaient donné leur consentement de leur vivant à l'utilisation de leurs cadavres ; qu'en se fondant sur ces motifs inopérants, tout en refusant, comme il lui était demandé, d'examiner les conditions dans lesquelles les corps étaient présentés au public, la cour d'appel a privé sa décision de base légale au regard de l'article 16-1-1 du Code civil ;

3°/ que, par ailleurs, la cour d'appel, a expressément relevé que « le respect du corps n'interdisait pas le regard de la société sur la mort et sur les rites religieux ou non qui l'entourent dans les différentes cultures, ce qui permettait de donner à voir aux visiteurs d'un musée des momies extraites de leur sépulture, voire d'exposer des reliques, sans entraîner d'indignation ni de trouble à l'ordre public » ; que la juridiction d'appel a privé sa décision de base légale au regard de l'article 16-1-1 du Code civil en ne recherchant pas, comme sa propre motivation aurait dû l'y conduire, si, précisément, l'exposition litigieuse n'avait pas pour objet d'élargir le champ de la connaissance, notamment grâce aux techniques modernes, en la rendant accessible au grand public de plus en plus curieux et soucieux d'accroître son niveau de connaissances, aucune différence objective ne pouvant être faite entre l'exposition de la momie d'un homme qui, en considération de l'essence même du rite de la momification, n'a jamais donné son consentement à l'utilisation de son cadavre et celle, comme en l'espèce, d'un corps donné à voir au public a des fins artistiques, scientifiques et éducatives ;

4°/ [...]

Mais attendu qu'aux termes de l'article 16-1-1, alinéa 2, du Code civil, les restes des personnes décédées doivent être traités avec respect, dignité et décence ; que l'exposition de cadavres à des fins commerciales méconnaît cette exigence ;

Qu'ayant constaté, par motifs adoptés non critiqués, que l'exposition litigieuse poursuivait de telles fins, les juges du second degré n'ont fait qu'user des pouvoirs qu'ils tiennent de l'article 16-2 du Code civil en interdisant la poursuite de celle-ci ; que le moyen n'est pas fondé ;

5. ....

PAR CES MOTIFS :
REJETTE les pourvois principaux et incidents

.../...

5. À l'aide de l'arrêt ci-dessus, répondez aux questions suivantes.

1. Qui est le demandeur en pourvoi ?

....

2. Que demande-t-il ?

....

....

3. Au nom de qui l'arrêt est-il rendu ?

....

4. Quel principe méconnaît l'exposition ?

....

5. Quelle est la décision de la Cour de cassation ?

....

6. Lisez l'arrêt de rejet de la Cour de cassation ci-dessous, puis complétez-le à l'aide des mots suivants.

L'arrêt de cassation est rendu par la Cour de cassation et annule le jugement rendu par la cour inférieure.

A. Le dispositif

B. La décision de la Cour d'appel

C. La motivation de la Cour de la cassation (1)

D. La décision et la motivation du tribunal correctionnel

E. La motivation et la décision de la Cour d'appel

F. Le visa

G. Les faits

H. La motivation de la Cour de cassation (2)

Cour de cassation
chambre criminelle
Audience publique du mardi 26 janvier 2016
N° de pourvoi : 14-80455
Cassation

RÉPUBLIQUE FRANÇAISE
AU NOM DU PEUPLE FRANÇAIS

LA COUR DE CASSATION, CHAMBRE CRIMINELLE, a rendu l'arrêt suivant :

Statuant sur le pourvoi formé par :

- Mme Martine X..., partie civile,

.../...

1. ....

Contre l'arrêt de la cour d'appel de MONTPELLIER, chambre correctionnelle, en date du 19 décembre 2013, qui l'a déboutée de ses demandes après relaxe de Mmes Danielle Y..., Claudine Z..., épouse D..., Maryse A... et Audeline B..., épouse C..., MM. Jean-Pierre F... et Didier E... du chef de harcèlement moral ;
[...]

2. ....

Vu l'article 222-32-2 du Code pénal et 593 du Code de procédure pénale ;

3. ....

Attendu que, d'une part, selon le premier de ces textes, constitue le délit de harcèlement moral le fait de harceler autrui par des agissements répétés ayant pour objet ou pour effet une dégradation des conditions de travail susceptible de porter atteinte à ses droits et à sa dignité, d'altérer sa santé physique ou mentale, ou de compromettre son avenir professionnel ;

Attendu que, d'autre part, tout jugement ou arrêt doit comporter les motifs propres à justifier la décision ; que l'insuffisance ou la contradiction des motifs équivaut à leur absence ;

4. ....

Attendu qu'il résulte de l'arrêt attaqué et des pièces de procédure qu'à la suite d'un signalement de la médecine du travail, d'une enquête interne et d'une plainte de Mme X..., aide-soignante de l'hôpital de Perpignan, une enquête a été diligentée puis une information ouverte du chef de harcèlement moral,

5. ....

au terme de laquelle Mmes Y..., Z..., épouse D..., A... et B..., épouse C..., MM. F... et E..., également aides-soignants, ont été renvoyés devant le tribunal correctionnel, sur le fondement de l'article 222-33-2 susvisé, pour avoir harcelé Mme X..., par des agissements répétés consistant dans une mise à l'isolement, ainsi que des attitudes menaçantes et vexatoires ; que le tribunal correctionnel a dit la prévention établie en retenant, notamment, la mise à l'isolement accompagnée d'un comportement général comprenant des actes diversifiés et réitérés, l'ensemble ayant pour conséquence la dégradation des conditions de travail de la victime pouvant porter atteinte à son intégrité physique et psychologique ;

6. ....

que les prévenus, le ministère public et Mme X... ont relevé appel de la décision ;

Attendu que, pour infirmer le jugement et débouter la partie civile de ses demandes, après avoir relevé la mise à l'écart de Mme X..., l'arrêt énonce, d'une part, que pour constituer le délit reproché, cet agissement de même type qui a perduré doit être conforté par d'autres agissements de nature différente, d'autre part, qu'il n'est pas établi que cette décision de mise à l'écart prise par M. F... , et à laquelle ont participé les autres prévenus, ait eu initialement pour objet ou effet d'attenter à la dignité et à la santé de Mme X... ;

.../...

7. ....

Mais attendu qu'en l'état de ces motifs, la cour d'appel, qui a ajouté à la loi des conditions qu'elle ne comporte pas en retenant que la caractérisation du délit de harcèlement moral exige, d'une part, que soient constatés des agissements répétés de nature différente, d'autre part, que ces agissements aient initialement eue pour objet ou pour effet une dégradation des conditions de travail susceptible de porter atteinte à la dignité et à la santé de la victime, a méconnu les textes susvisés et les principes ci-dessus énoncés ;

D'où il suit que la cassation est encourue de ce chef ;

8. ....

PAR CES MOTIFS :

CASSE et ANNULE l'arrêt susvisé de la cour d'appel de Montpellier, en date du 19 décembre 2013, en ses seules dispositions civiles relatives au harcèlement moral envers Mme X..., toutes autres dispositions étant expressément maintenues ;
Et pour qu'il soit à nouveau statué, conformément à la loi, dans les limites de la cassation ainsi prononcée,
RENVOIE la cause et les parties devant la cour d'appel de Nîmes, à ce designer par délibération spéciale prise en chambre du conseil ;
DIT n'y avoir lieu à application de l'article 618-1 du Code de procédure pénale ;
ORDONNE l'impression du présent arrêt, sa transcription sur les registres du greffe de la cour d'appel de Montpellier et sa mention en marge ou à la suite de l'arrêt partiellement annulé ;
Ainsi fait et jugé par la Cour de cassation, chambre criminelle, et prononcé par le président le vingt-six janvier deux mille seize ;
En foi de quoi le présent arrêt a été signé par le président, le rapporteur et le greffier de chambre.

7. À l'aide de l'arrêt ci-dessus, répondez aux questions suivantes.

1. Qui est le demandeur en pourvoi ?

....

2. Que demande-t-il ?

....

3. Au nom de qui l'arrêt est-il rendu ?

....

4. Quelle est la décision de la Cour de cassation ?

....

....

2. Les arrêts du Conseil d'État

8. Lisez l'arrêt du Conseil d'État ci-dessous, puis complétez-le à l'aide des mots suivants.

A. Les considérants : Règle de droit applicable

B. L'en-tête de l'arrêt

C. Les considérants : Examen du fond et des moyens

D. Le dispositif

E. Les visas : Textes applicables au litige

F. Les visas : Procédure

G. Les visas : Rappel des faits et de la procédure

1. ....

Conseil d'État
N° 136727
lecture du vendredi 27 octobre 1995

RÉPUBLIQUE FRANÇAISE
AU NOM DU PEUPLE FRANÇAIS

2. ....

Vu la requête enregistrée le 24 avril 1992 au secrétariat du Contentieux du Conseil d'État, présentée pour la commune de Morsang-sur-Orge, représentée par son maire en exercice domicilié en cette qualité en l'hôtel de ville ; la commune de Morsang-sur-Orge demande au Conseil d'État :

1°) d'annuler le jugement du 25 février 1992 par lequel le tribunal administratif de Versailles a, à la demande de la société Fun Production et de M. X..., d'une part, annulé l'arrêté du 25 octobre 1991 par lequel son maire a interdit le spectacle de « lancer de nains » prévu le 25 octobre 1991 à la discothèque de l'Embassy Club, d'autre part, l'a condamnée à verser à ladite société et à M. X... la somme de 10 000 F en réparation du préjudice résultant dudit arrêté ;

2°) de condamner la société Fun Production et M. X... à lui verser la somme de 10 000 F au titre de l'article 75-I de la loi n° 91-647 du 10 juillet 1991 ;

3. ....

Vu les autres pièces du dossier ;

Vu le Code des communes et notamment son article L. 131-2 ;

Vu la convention européenne de sauvegarde des droits de l'Homme et des libertés fondamentales ;

.../...

Vu le code des tribunaux administratifs et des cours administratives d'appel ;

Vu l'ordonnance n° 45-1708 du 31 juillet 1945, le décret n° 53-934 du 30 septembre 1953 et la loi n° 87-1127 du 31 décembre 1987 ;

4. ....

Après avoir entendu en audience publique :

- le rapport de Mlle Laigneau, Maître des Requêtes,

- les observations de Me Baraduc-Bénabent, avocat de la commune de Morsang-sur-Orge et de Me Bertrand, avocat de M. X...,

- les conclusions de M. Frydman, Commissaire du gouvernement ;

Sans qu'il soit besoin d'examiner les autres moyens de la requête :

5. ....

1. Considérant qu'aux termes de l'article L. 131-2 du Code des communes : « La police municipale a pour objet d'assurer le bon ordre, la sûreté, la sécurité et la salubrité publique » ;

2. Considérant qu'il appartient à l'autorité investie du pouvoir de police municipale de prendre toute mesure pour prévenir une atteinte à l'ordre public ; que le respect de la dignité de la personne humaine est une des composantes de l'ordre public ; que l'autorité investie du pouvoir de police municipale peut, même en l'absence de circonstances locales particulières, interdire une attraction qui porte atteinte au respect de la dignité de la personne humaine ;

6. ....

3. Considérant que l'attraction de « lancer de nain » consistant à faire lancer un nain par des spectateurs conduit à utiliser comme un projectile une personne affectée d'un handicap physique et présentée comme telle ; que, par son objet même, une telle attraction porte atteinte à la dignité de la personne humaine ; que l'autorité investie du pouvoir de police municipale pouvait, dès lors, l'interdire même en l'absence de circonstances locales particulières et alors même que des mesures de protection avaient été prises pour assurer la sécurité de la personne en cause et que celle-ci se prêtait librement à cette exhibition, contre rémunération ;

4. Considérant que, pour annuler l'arrêté du 25 octobre 1991 du maire de Morsang-sur-Orge interdisant le spectacle de « lancer de nains » prévu le même jour dans une discothèque de la ville, le tribunal administratif de Versailles s'est fondé sur le fait qu'à supposer même que le spectacle ait porté atteinte à la dignité de la personne humaine, son interdiction ne pouvait être légalement prononcée en l'absence de circonstances locales particulières ; qu'il résulte de ce qui précède qu'un tel motif est erroné en droit ;

5. Considérant qu'il appartient au Conseil d'État saisi par l'effet dévolutif de l'appel, d'examiner les autres moyens invoqués par la société Fun Production et M. X... tant devant le tribunal administratif que devant le Conseil d'État ;

6. Considérant que le respect du principe de la liberté du travail et de celui de la liberté du commerce et de l'industrie ne fait pas obstacle à ce que l'autorité investie du pouvoir de police municipale interdise une

.../...

activité même licite si une telle mesure est seule de nature à prévenir ou faire cesser un trouble à l'ordre public ; que tel est le cas en l'espèce, eu égard à la nature de l'attraction en cause ;

7. Considérant que le maire de Morsang-sur-Orge ayant fondé sa décision sur les dispositions précitées de l'article L. 131-2 du Code des communes qui justifiaient, à elles seules, une mesure d'interdiction du spectacle, le moyen tiré de ce que cette décision ne pouvait trouver sa base légale ni dans l'article 3 de la Convention européenne de sauvegarde des droits de l'Homme et des libertés fondamentales, ni dans une circulaire du ministre de l'intérieur, du 27 novembre 1991, est inopérant ;

8. Considérant qu'il résulte de tout ce qui précède que c'est à tort que, par le jugement attaqué, le tribunal administratif de Versailles a prononcé l'annulation de l'arrêté du maire de Morsang-sur-Orge en date du 25 octobre 1991 et a condamné la commune de Morsang-sur-Orge à verser aux demandeurs la somme de 10 000 F ; que, par voie de conséquence, il y a lieu de rejeter leurs conclusions tendant à l'augmentation du montant de cette indemnité ; [...]

7. ....

Article 1er : Le jugement du tribunal administratif de Versailles du 25 février 1992 est annulé.

Article 2 : Les demandes de la société Fun Production et de M. X... présentées devant le tribunal administratif de Versailles sont rejetées.

Article 3 : L'appel incident de la société Fun Production et de M. X... est rejeté.

Article 4 : La société Fun production est condamnée à payer à la commune de Morsang-sur-Orge la somme de 10 000 F en application des dispositions de l'article 75-I de la loi du 10 juillet 1991.

Article 5 : Les conclusions de la société Fun-Production et de M. X... tendant à l'application de l'article 75-I de la loi du 10 juillet 1991 sont rejetées.

Article 6 : La présente décision sera notifiée à la commune de Morsang-sur-Orge, à la société Fun Production, à M. X... et au ministre de l'intérieur.

9. À l'aide de l'arrêt précédent, répondez aux questions suivantes.

1. Qui est le demandeur ?

....

2. Que demande-t-il ?

....

3. Au nom de qui l'arrêt est-il rendu ?

....

4. Quel principe le spectacle de « lancé de nains » méconnaît-il ?

....

5. Quelle est la décision du Conseil d'État ?

....

3. Les décisions du Conseil constitutionnel

a. Un contrôle de constitutionnalité *a priori*

FOCUS

Le Conseil constitutionnel a notamment pour fonction le contrôle de constitutionnalité des lois *a priori*, c'est-à-dire qu'il vérifie - lorsqu'il est saisi - que la loi non encore promulguée est conforme à la Constitution. Dans le cas contraire, la loi ne sera pas promulguée et n'entrera donc pas en vigueur.

10. Lisez la décision du Conseil constitutionnel ci-dessous, puis complétez-la à l'aide des mots suivants.

A. Les visas
B. Les références de la décision
C. Le dispositif
D. La saisine
E. Les motifs
F. Les griefs retenus par les autorités de saisine
G. Le rappel des fondements juridiques
H. Le rappel des dispositions contestées

1. ....

Décision n° 94-343/344 DC du 27 juillet 1994

Loi relative au respect du corps humain et loi relative au don et à l'utilisation des éléments et produits du corps humain, à l'assistance médicale à la procréation et au diagnostic prénatal

2. ....

Le Conseil constitutionnel a été saisi, le 29 juin 1994, par M. Philippe Seguin, Président de l'Assemblée nationale, et le même jour, puis, par une saisine rectificative du 11 juillet 1994, par MM Jean-Louis Beaumont, Léon Aimé, Jean-Paul Anciaux, François d'Aubert, Hubert Bassot, Yves Bonnet, Franck Borotra, Alphonse Bourgasser, Mme Christine Boutin, MM Lucien Brenot, Jean Briane, Louis de Broissia, Bernard Carayon, Pierre Cardo, Michel Cartaud, René Chabot, Serge Charles, Jean-Marc Chartoire, Ernest Chenière, Charles de Courson, Marc-Philippe Daubresse, Jean-Claude Decagny, Francis Delattre, Jean-Jacques Delvaux, Xavier Deniau, Jean-Paul Fuchs, Hervé Gaymard, Germain Gengenwin, Michel Ghysel, Mme Marie-Fanny Gournay, MM Alain Griotteray, Pierre Heriaud, Pierre Hérisson, Michel Inchauspé, Mme Bernadette Isaac-Sibille, MM Yvon Jacob, Marc Laffineur, Thierry Lazaro, Marc Le Fur, Bernard Leroy, Alain Levoyer, Jean de Lipkowski, Arsène Lux, Thierry Mariani, Jacques Masdeu-Arus, Georges Mesmin, Pierre Micaux, Jacques Myard, Jean-Marc Nesme, Henri Novelli, Francisque Perrut, Etienne Pinte, Marc Reymann, Georges Richard, Yves Rispat, Jean Royer, Frédéric de Saint-Sernin, Paul-Louis Tenaillon, Jean Ueberschlag, Christian Vanneste, Jacques Vernier, Philippe de Villiers, Jean-Paul Virapoullé, Jean-Jacques Weber, et le 22 juillet 1994 par MM Bernard de Froment, Robert Galley, Philippe Langenieux-Villard et Daniel Pennec, députés, dans les conditions prévues à l'article 61, alinéa 2, de la Constitution, de la conformité à celle-ci de la loi relative au respect du corps humain et de la loi relative au don et à l'utilisation des éléments et produits du corps humain, à l'assistance médicale à la procréation et au diagnostic prénatal ;

.../...

3. ....

Le Conseil constitutionnel,
Vu la Déclaration des droits de l'Homme et du Citoyen du 26 août 1789 ;
Vu le préambule de la Constitution du 27 octobre 1946 ;
Vu la Constitution du 4 octobre 1958 ;
Vu l'ordonnance n° 58-1067 du 7 novembre 1958 modifiée portant loi organique sur le Conseil constitutionnel ;
Vu le Code civil ;
Vu le Code de la santé publique ;
Vu la loi du 16 novembre 1912 ;

4. ....

1. Considérant que les saisines adressées au Conseil constitutionnel par le Président de l'Assemblée nationale en premier lieu, par 68 députés en second lieu concernent les mêmes lois ; qu'il y a lieu de les joindre pour y statuer par une seule décision ;

- SUR LES NORMES DE CONSTITUTIONNALITÉ APPLICABLES AU CONTRÔLE DES LOIS DÉFÉRÉES :

2. Considérant que le Préambule de la Constitution de 1946 a réaffirmé et proclamé des droits, libertés et principes constitutionnels en soulignant d'emblée que : « Au lendemain de la victoire remportée par les peuples libres sur les régimes qui ont tenté d'asservir et de dégrader la personne humaine, le peuple français proclame à nouveau que tout être humain, sans distinction de race, de religion ni de croyance, possède des droits inaliénables et sacrés » ; qu'il en ressort que la sauvegarde de la dignité de la personne humaine contre toute forme d'asservissement et de dégradation est un principe à valeur constitutionnelle ;

3. Considérant que la liberté individuelle est proclamée par les articles 1, 2 et 4 de la Déclaration des droits de l'Homme et du Citoyen ; qu'elle doit toutefois être conciliée avec les autres principes de valeur constitutionnelle ;

4. Considérant qu'aux termes du dixième alinéa du Préambule de la Constitution de 1946 :
« La nation assure à l'individu et à la famille les conditions nécessaires à leur développement » et qu'aux termes de son onzième alinéa : « Elle garantit à tous, notamment à l'enfant, à la mère..., la protection de la santé » ;

5. ....

- SUR LES DISPOSITIONS CONTESTÉES PAR LES DÉPUTÉS AUTEURS DE LA SECONDE SAISINE :

En ce qui concerne les articles 8 et 9 de la loi relative au don et à l'utilisation des éléments et produits du corps humain, à l'assistance médicale à la procréation et au diagnostic prénatal :

5. Considérant que l'article 8 insère, après le chapitre II du titre premier du livre II du Code de la santé publique, un chapitre II bis nouveau intitulé « assistance médicale à la procréation » et comprenant dix articles L. 152-1 à L. 152-10 ;

6. Considérant que l'article L. 152-1 définit l'assistance médicale à la procréation en faisant référence aux pratiques cliniques et biologiques permettant la conception *in vitro*, le transfert d'embryons et l'insémination artificielle, ainsi qu'à toute technique d'effet équivalent permettant la procréation en dehors du processus naturel ; que l'article L. 152-2 dispose que cette assistance médicale, destinée à répondre à la demande parentale d'un couple, a pour objet soit de remédier à une infertilité dont le caractère

.../...

pathologique a été médicalement diagnostiqué, soit d'éviter la transmission à l'enfant d'une maladie d'une particulière gravité ; que le même article impose que l'homme et la femme formant le couple soient vivants, en âge de procréer, mariés ou en mesure d'apporter la preuve d'une vie commune d'au moins deux ans, et consentant préalablement au transfert des embryons ou à l'insémination ; que l'article L. 152-3 prévoit que compte tenu de l'état des techniques médicales, les deux membres du couple peuvent décider par écrit que sera tentée la fécondation d'un nombre d'ovocytes pouvant rendre nécessaire la conservation d'embryons dans l'intention de réaliser leur demande parentale dans un délai de cinq ans et qu'ils sont alors consultés chaque année pendant cinq ans sur le point de savoir s'ils maintiennent leur demande parentale ; qu'il pose la règle générale selon laquelle un embryon ne peut être conçu avec des gamètes ne provenant pas d'un au moins des deux membres du couple ; que toutefois l'article L. 152-4 dispose qu'à titre exceptionnel les deux membres du couple peuvent consentir par écrit à ce que les embryons conservés soient accueillis par un autre couple ; que l'article L. 152-5 en fixe les conditions à savoir que ce dernier couple réponde aux exigences formulées par l'article L. 152-2 et qu'il ne puisse bénéficier d'une assistance médicale à la procréation sans recours à un « tiers donneur » ; qu'il organise une procédure soumettant l'accueil de l'embryon à une décision de l'autorité judiciaire ; qu'il pose le principe selon lequel le couple accueillant l'embryon et celui y ayant renoncé ne peut connaître leurs identités respectives ; que l'article L. 152-6 souligne que l'assistance médicale à la procréation avec « tiers donneur » ne peut être pratiquée que comme ultime indication lorsque la procréation médicalement assistée à l'intérieur du couple ne peut aboutir ; qu'aux termes de l'article L. 152-7 : « Un embryon humain ne peut être conçu ni utilisé à des fins commerciales ou industrielles » ; que l'article L. 152-8 dispose que la conception *in vitro* d'embryons humains à des fins d'étude, de recherche ou d'expérimentation est interdite de même que toute expérimentation sur l'embryon ; qu'il prévoit toutefois qu'à titre exceptionnel l'homme et la femme formant le couple peuvent accepter par écrit que soient menées des études sur leurs embryons ; que ces études doivent alors avoir une finalité médicale et ne peuvent porter atteinte à l'embryon ; qu'elles ne peuvent être entreprises qu'après avis conforme d'une commission nationale de médecine et de biologie de la reproduction et du diagnostic prénatal instituée par l'article 11 de la loi insérant dans le code de la santé publique un nouvel article L. 184-3 ; que l'article L. 152-9 a trait à l'agrément des praticiens habilités à pratiquer ces actes biologiques et cliniques et que l'article L. 152-10 organise une procédure imposée préalablement aux demandeurs ;

7. Considérant que l'article 9 de la loi dispose que les embryons existant à la date de sa promulgation et dont il a été vérifié qu'ils ne font l'objet ni d'une demande parentale ni d'une opposition à un accueil par un couple tiers et qu'ils satisfont aux règles de sécurité sanitaire en vigueur au jour de leur transfert pourront être confiés à un couple remplissant les conditions prévues à l'article L. 152-5 et qu'il ajoute que « si leur accueil est impossible et si la durée de leur conservation est au moins égale à cinq ans, il est mis fin à cette conservation » ;

6. ....

8. Considérant que les députés auteurs de la seconde saisine soutiennent que cette dernière disposition porte atteinte au droit à la vie des embryons qui selon eux possèdent dès la conception tous les attributs de la personne humaine ; qu'elle établit une discrimination rompant le principe d'égalité entre les embryons selon qu'ils auront été conçus avant ou après la date de la promulgation de la loi ; que de même la loi ne pouvait sans méconnaître le principe d'égalité entre embryons humains d'un couple autoriser les parents et le corps médical à « sélectionner ceux des embryons qui seront réimplantés de ceux qui ne le seront pas » et « à sélectionner ceux des embryons qui seront donnés à des couples tiers de ceux qui ne le seront pas » ; que la possibilité ménagée par la loi de mener des études sur les embryons porte atteinte au respect de l'intégrité

.../...

de la personne et du corps humain ; que la sélection des embryons méconnaît le principe à valeur constitutionnelle de la protection du patrimoine génétique de l'humanité ; que la possibilité d'avoir des enfants dont le parent naturel est un « tiers donneur » met en cause les droits de la famille tels qu'ils ont été conçus et garantis par le Préambule de la Constitution de 1946 ; que l'interdiction faite aux enfants qui seront nés d'une fécondation *in vitro* faisant intervenir un « tiers donneur » de connaître leur identité génétique et leurs parents naturels porte atteinte au droit à la santé de l'enfant et au libre épanouissement de sa personnalité ; que le législateur ne pouvait reconnaître à la commission nationale de médecine et de biologie de la reproduction et du diagnostic prénatal un pouvoir d'avis conforme sans violer le principe constitutionnel de séparation des pouvoirs d'autant plus qu'il a renvoyé au pouvoir réglementaire la détermination de la composition de cette commission ;

7. ....

9. Considérant que le législateur a assorti la conception, l'implantation et la conservation des embryons fécondés *in vitro* de nombreuses garanties ; que cependant, il n'a pas considéré que devait être assurée la conservation, en toutes circonstances, et pour une durée indéterminée, de tous les embryons déjà formés ; qu'il a estimé que le principe du respect de tout être humain dès le commencement de sa vie ne leur était pas applicable ; qu'il a par suite nécessairement considéré que le principe d'égalité n'était pas non plus applicable à ces embryons ;

10. Considérant qu'il n'appartient pas au Conseil constitutionnel, qui ne détient pas un pouvoir d'appréciation et de décision identique à celui du Parlement, de remettre en cause, au regard de l'état des connaissances et des techniques, les dispositions ainsi prises par le législateur ;

11. Considérant que, s'agissant de la sélection des embryons, il n'existe, contrairement à ce que soutiennent les saisissants, aucune disposition ni aucun principe à valeur constitutionnelle consacrant la protection du patrimoine génétique de l'humanité ; qu'aucune disposition du Préambule de la Constitution de 1946 ne fait obstacle à ce que les conditions du développement de la famille soient assurées par des dons de gamètes ou d'embryons dans les conditions prévues par la loi ; que l'interdiction de donner les moyens aux enfants ainsi conçus de connaître l'identité des donneurs ne saurait être regardée comme portant atteinte à la protection de la santé telle qu'elle est garantie par ce Préambule ; qu'enfin, s'agissant des décisions individuelles relatives à des études à finalité médicale, l'exigence de l'avis conforme d'une commission administrative, dont les règles générales de composition sont définies par l'article L. 184-3 nouveau du code de la santé publique et qui doit notamment s'assurer qu'il n'est pas porté atteinte à l'embryon, pouvait être prévue par le législateur sans qu'il méconnaisse par là sa propre compétence ;
[...]

8. ....

Décide :

Article premier :
La loi relative au respect du corps humain et la loi relative au don et à l'utilisation des éléments et produits du corps humain, à l'assistance médicale à la procréation et au diagnostic prénatal, sont déclarées conformes à la Constitution.

Article 2 :
La présente décision sera publiée au Journal officiel de la République française.

11. À l'aide de la décision du Conseil constitutionnel précédente, répondez aux questions suivantes.

1. Qui est l'auteur de la saisine ?

....

2. Que demande-t-il ?

....

3. Quel(s) principe(s) (selon les autorités de saisine) méconnaîtrait la loi contrôlée ?

....

4. Quelle est la décision du Conseil constitutionnel ?

....

b. Un contrôle de constitutionnalité *a posteriori*

FOCUS

En plus du contrôle *a priori* des lois, le Conseil constitutionnel exerce également un contrôle *a posteriori*, c'est-à-dire après l'entrée en vigueur d'une loi. Si elle n'est pas conforme à la Constitution, la loi peut être annulée par la juridiction. Cette technique est appelée « question prioritaire de constitutionnalité » (QPC).

12. Lisez la décision du Conseil constitutionnel, puis complétez-la à l'aide des mots suivants.

A. Le rappel des fondements juridiques

B. Le dispositif

C. Les références de la décision

D. Les visas

E. La saisine

F. Les griefs retenus par les auteurs de la saisine

G. Les motifs

1. ....

Décision n° 2015-477 QPC du 31 juillet 2015

M. Jismy R. [Incrimination de la création de nouveaux gallodromes]

2. ....

Le Conseil constitutionnel a été saisi le 3 juin 2015 par la Cour de cassation (chambre criminelle, arrêt n° 2631 du 2 juin 2015), dans les conditions prévues à l'article 61-1 de la Constitution, d'une question prioritaire de constitutionnalité posée pour M. Jismy R., par la SELARL Codet-Chopin-Rigault Pragmalexis, avocat au barreau de Saint-Denis de la Réunion, relative à la conformité aux droits et libertés que la Constitution garantit du

.../...

huitième alinéa de l'article 521-1 du Code pénal, enregistrée au secrétariat général du Conseil constitutionnel sous le n° 2015-477 QPC.

3. ....

LE CONSEIL CONSTITUTIONNEL,

Vu la Constitution ;
Vu l'ordonnance n° 58-1067 du 7 novembre 1958 modifiée portant loi organique sur le Conseil constitutionnel ;
Vu le Code pénal ;
Vu la loi n° 64-690 du 8 juillet 1964 modifiant la loi n° 63-1143 du 19 novembre 1963 relative à la protection des animaux ;
Vu l'ordonnance n° 2006-1224 du 5 octobre 2006 prise pour l'application du II de l'article 71 de la loi n° 2006-11 du 5 janvier 2006 d'orientation agricole ;
Vu la loi n° 2009-526 du 12 mai 2009 de simplification et de clarification du droit et d'allégement des procédures ;
Vu le règlement du 4 février 2010 sur la procédure suivie devant le Conseil constitutionnel pour les questions prioritaires de constitutionnalité ;
Vu les observations produites pour le requérant par la SELARL Codet-Chopin-Rigault Pragmalexis, enregistrées le 25 juin 2015 ;
Vu les observations produites par le Premier ministre, enregistrées le 25 juin 2015 ;
Vu les pièces produites et jointes au dossier ;
Me Fabienne Lefèvre, avocat au barreau de Saint-Denis de la Réunion, pour le requérant et M. Xavier Pottier, désigné par le Premier ministre, ayant été entendus à l'audience publique du 21 juillet 2015 ;
Le rapporteur ayant été entendu ;

4. ....

1. Considérant qu'en vertu du premier alinéa de l'article 521-1 du Code pénal, est puni de deux ans d'emprisonnement et de 30 000 euros d'amende le fait, publiquement ou non, d'exercer des sévices graves, ou de nature sexuelle, ou de commettre un acte de cruauté envers un animal domestique, ou apprivoisé, ou tenu en captivité ; qu'en vertu du deuxième alinéa de cet article, le tribunal peut prononcer la confiscation de l'animal et prévoir qu'il sera remis à une fondation ou à une association de protection des animaux ; qu'en vertu du troisième alinéa de cet article, les personnes physiques coupables des infractions mentionnées ci-dessus sont passibles de peines complémentaires d'interdiction de détenir un animal et d'exercer une activité professionnelle ou sociale dès lors que les facilités que procure cette activité ont été sciemment utilisées pour préparer ou commettre l'infraction ; que les quatrième, cinquième et sixième alinéas de cet article sont relatifs aux peines encourues par les personnes morales ; qu'en vertu du septième alinéa, les peines définies par cet article ne sont applicables ni aux courses de taureaux dès lors qu'une tradition locale ininterrompue « peut être invoquée » ni aux combats de coqs dans les localités où une tradition ininterrompue « peut être établie » ;

qu'aux termes du huitième alinéa de cet article 521-1 dans sa rédaction résultant de l'ordonnance du 5 octobre 2006 susvisée : « Est punie des peines prévues au présent article toute création d'un nouveau gallodrome » ;

5. ....

2. Considérant que, selon le requérant, en incriminant la création de nouveaux gallodromes et non celle de nouveaux lieux accueillant des courses de taureaux alors que le législateur a prévu tant pour les courses de

.../...

taureaux que pour les combats de coqs une même dérogation à l'incrimination pénale des sévices sur les animaux, à la même condition qu'existe une tradition locale ininterrompue, les dispositions contestées portent atteinte au principe d'égalité devant la loi ;

6. ....

3. Considérant qu'aux termes de l'article 6 de la Déclaration des droits de l'Homme et du Citoyen de 1789 : « La loi... doit être la même pour tous, soit qu'elle protège, soit qu'elle punisse » ; que le principe d'égalité ne s'oppose ni à ce que le législateur règle de façon différente des situations différentes, ni à ce qu'il déroge à l'égalité pour des raisons d'intérêt général, pourvu que, dans l'un et l'autre cas, la différence de traitement qui en résulte soit en rapport direct avec l'objet de la loi qui l'établit ;

4. Considérant que si le législateur a entendu, tant pour les courses de taureaux que pour les combats de coqs, fonder l'exclusion de responsabilité pénale sur l'existence d'une tradition ininterrompue, il s'agit toutefois de pratiques distinctes par leur nature ; qu'il ressort des travaux préparatoires de la loi du 8 juillet 1964 susvisée que le législateur a entendu encadrer plus strictement l'exclusion de responsabilité pénale pour les combats de coqs afin d'accompagner et de favoriser l'extinction de ces pratiques ; qu'en interdisant la création de nouveaux gallodromes, le législateur a traité différemment des situations différentes ; que la différence de traitement qui résulte de l'incrimination de toute création d'un nouveau gallodrome est en rapport direct avec l'objet de la loi qui l'établit ; que par suite, le grief tiré d'une atteinte au principe d'égalité devant la loi doit être écarté ;

5. Considérant que les dispositions contestées ne méconnaissent aucun autre droit ou liberté que la Constitution garantit ; qu'elles doivent être déclarées conformes à la Constitution,

7. ....

DÉCIDE :

Article 1er - Le huitième alinéa de l'article 521-1 du Code pénal est conforme à la Constitution.

Article 2 - La présente décision sera publiée au Journal officiel de la République française et notifiée dans les conditions prévues à l'article 23-11 de l'ordonnance du 7 novembre 1958 susvisée.

13. À l'aide de la décision du Conseil constitutionnel précédente, répondez aux questions suivantes.

1. Qui est l'auteur de la saisine ?

....

2. Que demande-t-il ?

....

3. Quel(s) principe(s) méconnaîtrait la loi contrôlée ?

....

4. Quelle est la décision du Conseil constitutionnel ?

....

D. Les citations

Les citations sont un outil essentiel pour tout étudiant en droit. Elles vous permettront d'***argumenter vos propos*** ou de les illustrer, mais surtout elles ***sont les meilleures accroches*** pour commencer une introduction. Vous devez en connaître suffisamment et ce, dans des domaines différents. Attention, la citation s'apprend par cœur, vous ne devez commettre aucune faute lorsque vous citez un auteur. Afin de retenir au mieux les propos d'auteurs ou les articles, il est conseillé de vous constituer un carnet de citations dans lequel vous noterez toutes celles que vous serez amené à rencontrer (soit lors de vos lectures soit lors d'un cours), non pas par auteur mais par thèmes.

Citez oui, mais citez qui ou quoi ? Des juristes (auteurs de la doctrine juridique), des articles de textes de droit (Conventions internationales, Constitutions, etc.), des auteurs classiques.

14. Les citations suivantes ont été classées par thèmes, à l'aide des propositions suivantes, nommez chacun de ces thèmes.

A. La justice	D. La liberté	G. Le pouvoir
B. La Démocratie	E. L'égalité	H. La peine et la sanction
C. La souveraineté	F. La Loi	

1. ....

❑ A. « La souveraineté nationale appartient au peuple qui l'exerce par ses représentants et par la voie du référendum. » Article 3 de la Constitution française de 1958

❑ B. « La souveraineté c'est le caractère suprême d'un pouvoir : suprême, en ce que ce pouvoir n'en admet aucun autre ni au-dessus de lui, ni en concurrence avec lui. » R. Carré de Malberg

❑ C. « Qu'est-ce donc proprement qu'un acte de souveraineté ? Ce n'est pas une convention du supérieur avec l'inférieur, mais une convention du corps avec chacun de ses membres. » Jean-Jacques Rousseau

❑ D. « Les hommes naissent et demeurent libres et égaux en droits. Les distinctions sociales ne peuvent être fondées que sur l'utilité commune. » Article 1er de la Déclaration des droits de l'Homme et du Citoyen de 1789

2. ....

❑ A. Son principe (s'agissant de la République) est : gouvernement du peuple, par le peuple et pour le peuple. » Article 2 de la Constitution française de 1958

❑ B. « La démocratie est le pire des régimes - à l'exception de tous les autres. » Winston Chruchill

❑ C. « Il n'est rien de plus doux pour l'oreille de la liberté que le tumulte et les cris d'une assemblée du peuple... » Louis-Antoine de Saint-Just

❑ D. « On a compris dans tous les temps, qu'il est aussi dangereux qu'inhumain d'attacher, sans aucune espèce de retour, deux époux accablés l'un de l'autre. » Jean-Etienne Portalis

3. ....

❑ A. « Nul homme ne peut être accusé, arrêté ni détenu que dans les cas déterminés par la Loi. » Article 7 de la Déclaration des droits de l'Homme et du Citoyen

❑ B. « On n'est point criminel quand on punit un crime. » Pierre Corneille

❑ C. « La peine de mort est abolie. Nul ne peut être condamné à une telle peine ni exécuté. » Article 1er du Protocole n° 13 à la Convention européenne des droits de l'Homme

❑ D. « À défaut du pardon, laisse venir l'oubli. » Alfred de Musset

4. ....

❑ A. « La Loi est l'expression de la volonté générale. » Article 6 de la Déclaration des droits de l'Homme et du Citoyen

❑ B. « L'Europe aurait la meilleure organisation possible si toutes les nations qu'elle renferme [...] reconnaissaient la suprématie d'un Parlement général placé au-dessus de tous les gouvernements nationaux et investi du pouvoir de juger leurs différends. » Claude-Henri de Saint-Simon

❑ C. « Nous sommes esclaves des lois pour pouvoir être libres. » Cicéron

❑ D. « Dès que quelqu'un comprend qu'il est contraire à sa dignité d'homme d'obéir à des lois injustes, aucune tyrannie ne peut l'asservir. » Gandhi

5. ....

❑ A. « Ainsi que la vertu, le crime a ses degrés. » Jean Racine

❑ B. « La liberté consiste à pouvoir faire tout ce qui ne nuit pas à autrui : ainsi, l'exercice des droits naturels de chaque homme n'a de bornes que celles qui assurent aux autres Membres de la Société la jouissance de ces mêmes droits. Ces bornes ne peuvent être déterminées que par la Loi. » Article 4 de la Déclaration des droits de l'Homme et du Citoyen de 1789

❑ C. « La liberté commence où l'ignorance finit. » Victor Hugo

❑ D. « La liberté est la règle, la restriction l'exception. » Adage juridique

6. ....

❑ A. « La société est bien gouvernée quand les citoyens obéissent aux magistrats et les magistrats aux lois. » SOLON

❑ B. « La justice est la première dette du corps social. » Jean-Jacques-Régis de Cambacérès

❑ C. « La justice est une constante et perpétuelle volonté d'attribuer à chacun son droit. » Saint Thomas d'Aquin

❑ D. « Il est des mots qui ont toute leur vertu en eux-mêmes, qu'on appauvrit en tentant de leur faire correspondre une conception, ce qu'ils expriment étant inconcevable. Justice est l'un de ces mots. » Simone Weil

7. ....

- ❏ A. « La jouissance des droits et libertés reconnus dans la présente Convention doit être assurée, sans distinction aucune, fondée notamment sur le sexe, la race, la couleur, la langue, la religion, les opinions politiques ou toutes autres opinions, l'origine nationale ou sociale, l'appartenance à une minorité nationale, la fortune, la naissance ou toute autre situation. » Article 14 de la Convention européenne des droits de l'Homme
- ❏ B. « Tous les hommes ont les mêmes droits. Mais il en est qui ont plus de pouvoirs que d'autres. Là est l'inégalité. » Aimé Césaire
- ❏ C. « Le droit fédéral prime le droit de Land. » Article 31 de la loi fondamentale pour la république fédérale d'Allemagne de mai 1949
- ❏ D. « Dans l'état de nature, les hommes naissent bien dans l'égalité ; mais ils n'y sauraient rester. La société la leur fait perdre et ils ne redeviennent égaux que par la loi. » Montesquieu

8. ....

- ❏ A. « Tout serait perdu si le même homme, ou le même corps des principaux, ou des nobles, ou du peuple, exerçaient ces trois pouvoirs : celui de faire les lois, celui d'exécuter les résolutions publiques et celui de juger les crimes ou les différends des particuliers. » Montesquieu
- ❏ B. « Toute Société dans laquelle la garantie des Droits n'est pas assurée, ni la séparation des Pouvoirs déterminée, n'a point de Constitution. » Article 16 de la Déclaration des droits de l'Homme et du Citoyen
- ❏ C. « Le malheur des hommes est inévitable s'ils restent ensemble sans qu'un pouvoir soit capable de tenir en respect les uns et les autres. » Thomas Hobbes
- ❏ D. « Si contre cent mille probabilités que l'accusé est coupable, il y en a une seule qu'il est innocent, cette seule doit balancer toutes les autres. » Voltaire

15. Cochez les intrus au sein de chacun des huit thèmes proposés précédemment.

E. Les exercices juridiques

Le droit est une matière autonome obéissant à ses propres règles, à sa propre méthodologie et requérant la maîtrise de différents exercices juridiques qui lui sont propres, tels que la fiche d'arrêt, la dissertation, le commentaire de texte, les questions à réponse courte ou le cas pratique.

Il existe de nombreux exercices juridiques, mais les plus importants, ceux que vous pourrez retrouver tout au long de vos études de droit dans les différentes matières, sont au nombre de six :

> En droit, la forme est presqu'aussi importante que le fond. C'est pourquoi, il est indispensable que vous maîtrisiez la méthode de ces différents exercices.

- la dissertation juridique ;
- la fiche d'arrêt ;
- le commentaire d'arrêt ;
- le commentaire de texte juridique ;
- la question à réponse courte ;
- le cas pratique ou la consultation juridique.

1. La dissertation juridique 1 3 6

Vous devez absolument ***acquérir la méthodologie de la dissertation***, car c'est un exercice phare des études en droit. ***Un travail qui ne respecte pas la méthodologie n'est pas une dissertation juridique et ne mérite pas la moyenne***. Seront prises en compte dans la notation, non seulement vos connaissances, mais également votre ***capacité à les agencer dans le respect de la méthode***. La dissertation juridique demande une réflexion binaire, et vous devez rapidement prendre l'habitude de travailler en deux temps.

Deux phases doivent être distinguées lorsque vous réaliserez une dissertation : la phase de réflexion et la phase de rédaction.

a. La phase de réflexion

Elle est constituée de 3 étapes – à faire dans l'ordre !

La détermination de l'intérêt du sujet :

Premièrement, vous devez déterminer l'intérêt du sujet, vous demander « Pourquoi l'enseignant a choisi ce sujet ? Vers quoi veut-il m'amener à réfléchir ? »

Puis, il faut décortiquer le sujet. Interrogez-vous sur chacun des termes du sujet dans le but d'éviter des contresens. Comment doivent être compris les termes ? Quelle est leur définition ? Quelle est la partie du cours concernée ? À quelles décisions le sujet renvoie ? Est-il d'actualité ou a-t-il un intérêt historique ?

Le choix des idées motrices :

Premièrement, notez en vrac les idées essentielles qui concernent de près ou de loin le sujet (n'écrivez pas trop serré pour visualiser). Mieux vaut gérer l'abondance que la pénurie.

Dans un deuxième temps, sélectionnez les idées répondant directement à la question. Abandonnez celles qui, après mûre réflexion, sont hors sujet ou pourront servir dans votre introduction.

Regroupez ces éléments à partir de quelques idées motrices. Une fois cette réflexion opérée, sélectionnez les idées (deux ou quatre) qui constitueront vos parties ou sous-parties.

La problématique :

Déterminez la problématique (la question centrale posée par le sujet) et le point de vue que vous entendez défendre (la réponse que vous apporterez), puis organisez votre plan autour de cette idée.

b. La phase de rédaction

Elle est constituée de 4 étapes à faire dans l'ordre !

Le plan :

Le plan est l'essentiel de la dissertation juridique, son ossature. Il obéit à un principe binaire. Il est composé de deux parties et de quatre sous-parties. Les parties sont appelées I) et II). Les sous-parties, nommées A) et B) puis A') et B'), sont décomposées et traitées en points, développés exceptionnellement en trois temps : l'idée, l'argumentation et l'illustration :

– chacun des titres de ces parties et sous-parties doit être apparent et clairement intitulé. Votre choix de titres doit être pertinent, car ils résument votre pensée et permettent à votre lecteur de connaître le sens de vos développements à l'avance. Ils doivent refléter l'idée que vous allez défendre. Quant à leur structure, bannissez les verbes conjugués et les formes interrogatives ;

– équilibrez les parties : dans le cas contraire, il vaut mieux changer de plan (souvent la première partie est plus importante, sans pour autant rompre l'équilibre).

Les chapeaux introductifs : ils permettent de mettre en lumière l'articulation de chacune de vos parties en annonçant vos sous-parties. Ils se situent sous le titre du I) et du II) et se composent d'une ou deux phrase(s).

La rédaction de l'introduction :

Ne la rédigez qu'à ce stade, puisqu'elle doit présenter votre manière de traiter le sujet et annoncer le plan. Ne négligez pas l'introduction et n'hésitez pas à la rédiger au brouillon. Elle doit constituer un tiers de votre copie et peut donc légitimement constituer un tiers de la note. C'est un élément important, car elle sert à situer le sujet dans le temps et l'espace, à le délimiter et l'annoncer progressivement, à montrer la pertinence du problème soulevé, ainsi qu'à évoquer des points se rapportant au sujet, que vous ne développerez pas, mais que vous citez afin d'être complet.

L'introduction obéit également à une certaine structure dont vous devez respecter l'ossature. On peut compter quatre étapes :

- ***rédigez une accroche :*** vous façonnez l'ouverture ou le lever de rideau. Vous amenez le sujet en partant d'un fait d'actualité, d'une citation ou d'un fait qui date un peu plus ;
- ***énoncez le sujet :*** donnez les définitions de ses termes et annoncez son intérêt ;
- ***contextualisez le sujet :*** servez-vous de faits d'actualité, de précédents historiques et/ou d'éléments de droit comparé ;
- ***énoncez votre problématique*** : mettez le correcteur sur votre axe personnel d'analyse du sujet, puis annoncez votre plan.

Attention, arrêtez-vous ici, rien et strictement rien ne vient après cette quatrième étape. Sautez des lignes et passez à la rédaction de vos développements.

Les transitions :

Le passage d'une partie à une autre doit être facilité par une transition qui permet une clarification de la pensée et une articulation du plan, ainsi qu'une bonne compréhension de celui-ci par le lecteur. Il est préférable de rédiger les transitions au brouillon en même temps que le plan. Tenez-vous-en au plan ! La transition ne crée rien, elle reprend ! Elle ne doit pas évoquer des arguments passés sous silence dans le corps du texte.

La conclusion :

Elle tient en quelques lignes. Son but est d'ouvrir des perspectives d'avenir : replacer le sujet dans un ensemble plus vaste et le restituer par rapport à d'autres questions qu'évoque le sujet. « Ouvrir » c'est annoncer un questionnement qui ne relève pas directement du sujet mais qui va naître de vos réflexions sur le sujet.

Il n'est pas nécessaire de rédiger une conclusion si celle-ci se contente de répéter votre pensée originelle (plan) ou de la résumer. Vous ouvrirez votre propos grâce au deuxième point de votre B').

c. Exemple de structure d'un plan de dissertation juridique

Introduction

I) Titre de la première partie

Chapeau introductif

A) Titre de la première sous-partie

Premier point :

- Idée
- Argumentation
- Illustration

Deuxième point :

- Idée
- Argumentation
- Illustration

Transition

B) Titre de la deuxième sous-partie

Premier point :

- Idée
- Argumentation
- Illustration

Deuxième point :

- Idée
- Argumentation
- Illustration

Transition

II) Titre de la deuxième partie

Chapeau introductif

A') Titre de la première sous-partie

Premier point :

- Idée
- Argumentation
- Illustration

Deuxième point :

- Idée
- Argumentation
- Illustration

Transition

B') Titre de la deuxième sous-partie

Premier point :

- Idée
- Argumentation
- Illustration

Deuxième point :

- Idée

Ouverture

- Argumentation
- Illustration

Conclusion (Si le deuxième point *supra* n'ouvre pas)

16. Lisez la dissertation ci-dessous, puis répondez aux questions suivantes.

I. Un régime de séparation stricte des pouvoirs

A). Une séparation dans le recrutement

Chaque organe est indépendant dans son recrutement. Il ne dépend absolument pas de l'autre. L'Exécutif ne doit rien au Législatif pour sa désignation. Pour certains le critère du régime présidentiel est l'élection au suffrage universel direct du Président. Mais cette idée peut être remise en cause. Par exemple, aux États-Unis, où l'élection des Présidents ne se fait pas au suffrage universel direct mais dans le cadre des États. Ce qui est important, c'est que le Parlement ne participe pas à la désignation du Chef de l'État. Bien évidemment, le régime présidentiel ne permet pas non plus l'intrusion dans la désignation des collaborateurs du Chef de l'État.

La séparation dans le recrutement apparaît aussi avec le recrutement du Parlement. Celui-ci est totalement autonome et ne dépend absolument pas de l'Exécutif ; ce qui signifie que l'Exécutif ne désigne pas les membres du Parlement, mais surtout qu'il ne peut pas intervenir au moment de l'élection.

B). ....

Dans un régime présidentiel, chaque fonction est exercée par l'un des pouvoirs et par lui seul. Ainsi, la fonction exécutive aux États-Unis est exercée par le Président avec son cabinet et par lui seul. Mais c'est encore plus évident avec la fonction législative. Celle-ci est exercée exclusivement par le Parlement à toutes les étapes de la procédure législative. Aux États-Unis, l'initiative appartient aux membres du Congrès et à eux seuls. Quant au vote de la loi, il est de l'unique compétence des chambres.

Le droit de veto vient porter atteinte à cette séparation des fonctions puisqu'il peut empêcher le pouvoir Législatif d'exercer pleinement sa fonction de faire les lois. Ce droit de veto existait dans la Constitution de 1791, mais est très vite devenu impopulaire.

II). ....

Le régime présidentiel n'est pas un régime où le Président, l'Exécutif est tout-puissant. Il existe un équilibre qui apparaît non seulement dans l'exercice des fonctions mais également dans les relations entre les pouvoirs.

A'). ....

C'est parce que chacun exerce pleinement sa fonction qu'il y a équilibre. À l'intérieur de celle-ci, il a une puissance quasi-totale.

En ce qui concerne l'Exécutif, cela est renforcé par sa structure. L'Exécutif est moniste, c'est-à-dire qu'il est composé d'un seul bloc à savoir le Président et ses collaborateurs, alors que dans un régime parlementaire, l'Exécutif est dualiste, composé de deux éléments : le Chef de l'État et le gouvernement dirigé par un Chef de gouvernement. À l'intérieur de cet Exécutif, la puissance du chef de l'Exécutif est totale.

Quant au parlement, il est monocaméral, ce qui lui permet d'exercer pleinement sa fonction. Si le Parlement américain est bicaméral, c'est parce qu'il s'agit d'un État fédéral qui suppose une chambre représentant les États. Si les États-Unis étaient un État unitaire, leur Congrès serait monocaméral.

B'). ....

Les pouvoirs sont dans une situation de paralysie potentielle les uns envers les autres en cas de conflits. C'est sans doute là l'un des handicaps majeurs du régime présidentiel.

Aucun des pouvoirs ne peut agir sur l'autre.

En cas de conflit entre l'Exécutif et le Législatif aucune solution n'existe. L'Exécutif ne peut pas obliger le Législatif à partir puisque le droit de dissolution n'existe pas. Il pourra être condamné à la cohabitation. De son côté, le Parlement doit s'accommoder de l'Exécutif et ce n'est pas parce que la désignation du Chef de l'État a lieu le même jour que celle du Parlement, qu'il y a identité politique. Le spectre de la cohabitation rôde toujours...

Nous avons pu penser à une porte de sortie en cas de conflit très grave aux États-Unis avec l'« impeachment » qui est la mise en jeu de la responsabilité pénale du Chef de l'État. Il est possible de se demander si parfois la responsabilité envisagée est bien une responsabilité pénale. L'« impeachment », mis en œuvre en 1968 à l'encontre du Président Andrew Johnson avait pour motivation des raisons politiques (v. l'hostilité des radicaux républicains du Congrès).

Cela montre le risque majeur du régime présidentiel. En ne prévoyant pas de solution en cas de conflit entre le Chef de l'État et le Parlement, le système ne peut déboucher que sur deux solutions : soit la cohabitation, comme nous la connaissons aux États-Unis, soit la crise du régime, comme nous l'avons vu le 2 décembre 1851 avec le coup d'État de Louis Napoléon Bonaparte.

1. Quel pourrait être le sujet de la dissertation suivante ?

....

2. Rédigez le chapeau introductif du I).

....

3. Rédigez la transition entre le A) et le B).

....

4. Rédigez le titre du B).

....

5. Rédigez la transition entre le I) et le II).

....

6. Rédigez le titre du II).

....

7. Rédigez le titre du A').

....

8. Rédigez la transition entre le A') et le B').

....

9. Rédigez le titre du (B').

....

2. La fiche d'arrêt 2

Cet exercice juridique vous aidera non seulement à ***comprendre l'arrêt ou la décision*** rendu(e) par une juridiction, mais également à réaliser un autre exercice juridique, le commentaire d'arrêt.

Avant de réaliser votre fiche d'arrêt, il est important de ***lire l'arrêt ou la décision au moins une fois au calme***, afin de comprendre l'affaire, le problème de droit soulevé et la solution. Une fois cette lecture effectuée, ***vous décortiquerez votre arrêt ou votre décision selon cinq étapes***, que vous pourrez formaliser sous forme de tableau.

Le titre	Indiquez les références permettant d'identifier l'arrêt ou la décision : juridiction, date, nature (arrêt, décision, jugement), nom de la décision (qui peut être constitué par le nom du demandeur et de celui des deux parties ou encore par celui de la loi).
Les faits	Relatez les événements à l'origine du litige (attention : seulement les faits, ne traitez pas de la procédure devant les différentes juridictions).

La procédure	Le volume de cette étape dépendra de la juridiction qui rend l'arrêt ou la décision : – première instance, appel, pourvoi ou saisine, si c'est un arrêt rendu par la Cour européenne des droits de l'Homme ; – première instance, appel ou pourvoi, si c'est un arrêt rendu par la Cour de cassation ou le Conseil d'État ; – première instance ou appel, si c'est un arrêt rendu par une Cour d'appel ; – saisine, si c'est une décision rendue par le Conseil constitutionnel. Dans tous ces cas et pour chacune des étapes de la procédure, répondez aux questions suivantes : – qui sont les parties à l'instance ? qui est le demandeur et qui est le défendeur ? – devant quelle juridiction ? – quelle est la demande et quel est son fondement juridique ? – quels sont les arguments du défendeur ? – quelle est la décision du juge et quelle est sa motivation ?
Le problème de droit	Question de droit posée à la juridiction saisie, qui répondra en rendant son arrêt ou sa décision. Le problème de droit n'est pas posé dans l'arrêt ou la décision, c'est à vous de le trouver et de le formuler de préférence sous forme de question. Attention, il peut arriver que certains arrêts ou décisions amènent à poser plusieurs problèmes de droit.
La solution	Quelle est la solution apportée par la juridiction qui a rendu l'arrêt ou la décision ? Quelle est sa motivation ?

17. Lisez l'arrêt du Conseil d'État p. 35, puis réalisez sa fiche d'arrêt.

Le titre	1. ....
Les faits	2. ....

La procédure	3. ....
Le problème de droit	4. ....
La solution	5. ....

3. Le commentaire d'arrêt ou de décision

Cet exercice est un exercice phare des études de droit, tout comme la dissertation, il ne vous quittera plus... Le commentaire a un double objectif : vous devez avoir compris l'arrêt (pas de contresens, compréhension des faits, de la procédure, du problème ou des problèmes de droit posés et de la solution apportée par la juridiction) et vous devez être capable de l'analyser c'est-à-dire de porter une réflexion personnelle et argumentée sur l'arrêt en contextualisant ce dernier par rapport à vos connaissances, au droit en vigueur, à la jurisprudence, à la doctrine, etc.

Pour réaliser un commentaire, il vous est conseillé d'agir en 2 temps : le temps de la réflexion et le temps de la rédaction.

Le commentaire n'est pas une explication de l'arrêt ou de la décision, il doit aller plus loin. Ce n'est pas non plus une dissertation, qui elle irait trop loin. Trois écueils sont donc à éviter : la paraphrase (vous vous contentez de reformuler ce qui a été dit par la juridiction), la récitation de cours (vous vous contentez de réciter vos connaissances et n'apportez aucune réflexion personnelle) et la dissertation (vous dépassez dans ce cas le sujet et allez trop loin dans votre réflexion).

a. Le temps de la réflexion

Étape 1 - La lecture de l'arrêt

Lisez une première fois l'arrêt afin de faire connaissance avec son contenu et ses propos que vous allez devoir vous approprier. Cette première lecture est une lecture passive.

Retenez la solution apportée par la juridiction et lisez à nouveau l'arrêt fort(e) de cette solution. Lors de la deuxième lecture n'hésitez pas à travailler le texte : muni(e) de vos fluos, délimiter les différentes parties, relevez les éléments « faciles » tels que le nom de la juridiction, sa composition, le nom des parties, la date. Si vous en éprouvez le besoin, relisez une troisième fois surtout si cela vous évite des contresens ou un Hors sujet. Vous ne perdrez jamais du temps à la lecture du sujet. Un correcteur préférera une copie plus courte mais reflétant une compréhension et une réflexion de la part de l'étudiant.

Étape 2 - La réalisation de la fiche d'arrêt

Comme évoqué *supra* la fiche d'arrêt est le travail préparatoire nécessaire que vous devez effectuer avant le commentaire car elle vous permet de comprendre l'arrêt, de relever les différents problèmes posés et d'appréhender le raisonnement du juge qui l'a conduit à prendre sa décision. Vous l'aurez donc compris, il ne faut pas négliger la fiche d'arrêt car c'est grâce à elle que vous identifierez des éléments que vous pourrez retranscrire dans votre introduction et d'autres qui deviendront le point de départ de votre réflexion.

b. Le temps de la rédaction

Étape 1 - La confection du plan

Quels sont les points soulevés ? Quelles sont mes connaissances ? Faites des convergences : rassemblez vos remarques, vos idées et vos connaissances autour de thèmes. Offrez à votre réflexion une véritable structure.

Quels sont les apports ? Quels sont les points nouveaux ou les précisions apportés par la juridiction ?

Rappel : le plan est apparent et obéit à la règle des 2 parties/4 sous-parties (elles-mêmes subdivisées en 2 points). Je vous laisse vous référer à ce qui a été vu pour la dissertation

Étape 2 - L'introduction

L'introduction du commentaire d'arrêt ne doit être rédigée qu'à ce moment car même si elle commence votre travail elle doit être le fruit de votre réflexion. Elle doit être structurée et pour cela comprend différentes phases :

– L'accroche. Cette phrase d'amorce va permettre de situer immédiatement l'arrêt dans son contexte juridique et/ou sociétal et de le relier au(x) thème(s) qu'il intéresse. Vous devez trouver les mots pour annoncer l'arrêt et le contextualiser.

– La fiche d'arrêt. Le corps du commentaire c'est-à-dire le plan n'est pas une explication de l'arrêt mais son analyse. La présentation de l'arrêt doit donc se faire dans l'introduction et à l'aide de la fiche d'arrêt. Doivent être présents dans vos développements : les faits, les procédures, les moyens des parties, la motivation du juge, le(s) problème(s) de droit et la solution apportée par la juridiction.

– La problématique. Il ne s'agit pas des problèmes de droit soulevés par l'arrêt et identifiez par vos soins lors de l'établissement de la fiche d'arrêt. Il s'agit du fruit de votre analyse. Vous devez démontrer que vous êtes capable d'aller plus loin, de dépasser les problèmes de droit posés au juge et de déterminer ainsi quels sont les enjeux juridiques que vous vous proposez de commenter.

– L'annonce du plan. Le commentaire d'arrêt répond à l'exigence du plan en 2 parties, 4 sous-parties et lorsque vous le pouvez 2 points par sous-partie tel qu'il a été traité dans la partie intéressant la dissertation.

18. Après lecture de l'arrêt reproduit ci-dessous, corrigez le commentaire. Pour cela, replacer les annotations à leur place et essayer ensuite d'écrire l'observation générale de cette copie.

Conseil d'État
28 décembre 2017
N° 396571

Vu la procédure suivante :
Procédure contentieuse antérieure
M. B.. A... a demandé au tribunal administratif de Paris d'annuler pour excès de pouvoir les décisions de l'Assistance publique - Hôpitaux de Paris (AP-HP), en date des 6 juillet et 25 septembre 2011, les décisions du centre hospitalier universitaire de Cochin en date des 14 août et 25 septembre 2011 et les décisions du centre d'études et de conservation des œufs et du sperme de l'hôpital du Kremlin-Bicêtre en date des 15 août et 25 septembre 2011, rejetant ses demandes tendant à la communication des documents relatifs au donneur de gamètes à l'origine de sa conception et d'enjoindre à ces autorités, sous astreinte de 150 euros par jour de retard et par document, de lui transmettre ces documents. Par un jugement n° 1121183/7-1 du 21 septembre 2012, le tribunal administratif de Paris a rejeté cette demande en tant qu'elle était dirigée contre les décisions des 6 juillet, 14 août et 15 août 2011 et sursis à statuer sur le surplus des conclusions de M. A... jusqu'à l'avis du Conseil d'État ou, à défaut, jusqu'à l'expiration du délai de trois mois à compter de la transmission du dossier pour examen des questions de droit définies dans les motifs du jugement.
Par un avis n° 362981 du 13 juin 2013, le Conseil d'État a estimé que les dispositions législatives interdisant la divulgation de toute information sur les données identifiantes d'un donneur de gamètes et soumettant l'accès aux données non identifiantes de nature médicale à un principe d'interdiction assorti de deux exceptions, n'étaient pas incompatibles avec les stipulations des articles 8 et 14 de la convention européenne de sauvegarde des droits de l'homme et des libertés fondamentales.
Par un jugement n° 1121183/7-1 du 27 janvier 2014, le tribunal administratif de Paris a rejeté sa demande.
Procédure devant le Conseil d'État
Par un arrêt n° 14PA01522 du 22 janvier 2016, enregistré le 29 janvier 2016 au secrétariat du contentieux du Conseil d'État, la cour administrative d'appel de Paris a, en application de l'article R. 351-4 du code de justice administrative, déclaré irrecevables les conclusions indemnitaires présentées pour la première fois devant elle et transmis au Conseil d'État, en application de l'article R. 351-2 du code de justice administrative, le pourvoi, enregistré le 7 avril 2014 au greffe de cette cour, présenté par M. A... en tant que par ce pourvoi il conteste le jugement du tribunal administratif de Paris du 27 janvier 2014 statuant sur ses conclusions d'annulation.
Par ce pourvoi, enregistré le 29 janvier 2016 au secrétariat du contentieux du Conseil d'État, M. A... demande au Conseil d'État :
1°) d'annuler ce jugement ;
2°) réglant l'affaire au fond, de faire droit à sa requête ;
Vu les autres pièces du dossier ;
Vu :
- la convention européenne de sauvegarde des droits de l'homme et des libertés fondamentales - la convention internationale des droits de l'enfant ;
- le Code civil ;
- le Code pénal ;
- la loi n° 78-753 du 17 juillet 1978 ;
- la loi n° 94-653 du 29 juillet 1994 ;
- la loi n° 94-654 du 29 juillet 1994 ;
- la loi n° 2011-814 du 7 juillet 2011 ;
- le code de justice administrative ;

Considérant ce qui suit :

1. Il ressort des pièces du dossier soumis aux juges du fond que M. B.. A..., qui a été conçu par insémination artificielle avec don de gamètes recueilli par le centre d'études et de conservation des œufs et du sperme de l'hôpital Cochin, a demandé en 2011 à l'Assistance publique-Hôpitaux de Paris (AP-HP) de lui communiquer des informations relatives au donneur de gamètes à l'origine de sa conception. Ses demandes ont fait l'objet de décisions de rejet. La Commission d'accès aux documents administratifs, saisie le 25 juillet 2011, a rendu un avis défavorable sur ces demandes et, en l'absence de nouvelles décisions expresses de l'AP-HP, des décisions implicites de rejet des demandes de communication sont nées le 25 septembre 2011. M. A... se pourvoit en cassation contre le jugement du 27 janvier 2014 par lequel le tribunal administratif de Paris a rejeté ses conclusions tendant à l'annulation pour excès de pouvoir des décisions de refus de communication des informations demandées et à ce qu'il soit enjoint à l'AP-HP, sous astreinte, de lui communiquer ces documents.

2. Aux termes des dispositions de l'article 16-8 du Code civil : « Aucune information permettant d'identifier à la fois celui qui a fait don d'un élément ou d'un produit de son corps et celui qui l'a reçu ne peut être divulguée. Le donneur ne peut connaître l'identité du receveur ni le receveur celle du donneur. /En cas de nécessité thérapeutique, seuls les médecins du donneur et du receveur peuvent avoir accès aux informations permettant l'identification de ceux-ci «. Aux termes des dispositions de l'article L. 1211-5 du code de la santé publique : « Le donneur ne peut connaître l'identité du receveur, ni le receveur celle du donneur. Aucune information permettant d'identifier à la fois celui qui a fait don d'un élément ou d'un produit de son corps et celui qui l'a reçu ne peut être divulguée. / Il ne peut être dérogé à ce principe d'anonymat qu'en cas de nécessité thérapeutique «. Aux termes de l'article L. 1244-6 du même code : « Les organismes et établissements autorisés dans les conditions prévues à l'article L. 2142-1 fournissent aux autorités sanitaires les informations utiles relatives aux donneurs. Un médecin peut accéder aux informations médicales non identifiantes en cas de nécessité thérapeutique concernant un enfant conçu à partir de gamètes issus de don «. Aux termes de l'article R. 1244-5 du même code : « (...) Les informations touchant à l'identité des donneurs, à l'identification des enfants nés et aux liens biologiques existant entre eux sont conservées, quel que soit le support, de manière à garantir strictement leur confidentialité. Seuls les praticiens agréés pour les activités mentionnées au premier alinéa ont accès à ces informations «. Aux termes de l'article L. 1131-1-2 du même code : « (...) Lorsqu'est diagnostiquée une anomalie génétique grave dont les conséquences sont susceptibles de mesures de prévention, y compris de conseil génétique, ou de soins chez une personne qui a fait un don de gamètes ayant abouti à la conception d'un ou plusieurs enfants ou chez l'un des membres d'un couple ayant effectué un don d'embryon, cette personne peut autoriser le médecin prescripteur à saisir le responsable du centre d'assistance médicale à la procréation afin qu'il procède à l'information des enfants issus du don dans les conditions prévues au quatrième alinéa «.

3. En premier lieu, il résulte des dispositions précitées des articles 16-8 du Code civil et L. 1211-5 du code de la santé publique, issues respectivement de la loi du 29 juillet 1994 relative au respect du corps humain et de la loi du 29 juillet 1994 relative au don et à l'utilisation des éléments et produits du corps humain, à l'assistance médicale à la procréation et au diagnostic prénatal, qui posent les limites et les conditions de la divulgation des informations permettant d'identifier celui qui a fait don d'un élément ou d'un produit de son corps et celui qui l'a reçu, qu'elles sont applicables à toutes les demandes de communication d'informations présentées postérieurement à leur entrée en vigueur y compris celles qui se rapportent à un don effectué antérieurement. Il suit de là que, contrairement à ce qui est soutenu, le tribunal administratif de Paris n'a pas entaché son jugement d'erreur de droit en faisant application des dispositions précitées à la demande présentée par MA..., né d'un don d'organe effectué antérieurement à leur entrée en vigueur.

4. En deuxième lieu, il résulte des dispositions citées au point 2 qu'elles régissent l'accès non seulement aux données permettant d'identifier l'auteur d'un don de gamètes mais aussi aux données non identifiantes, qu'elles soient ou non de nature médicale. Il suit de là que, contrairement à ce qui est soutenu, le tribunal administratif de Paris n'a pas entaché son jugement d'erreur de droit en traitant l'ensemble des données afférentes au donneur, pour l'application de l'article 6 de la loi du 17 juillet 1978, sans opérer de distinction selon qu'elles sont ou non identifiantes, ni selon qu'elles sont ou non de nature médicale.

5. En troisième lieu, il ressort des énonciations du jugement attaqué que le tribunal administratif a écarté les moyens tirés de la méconnaissance des articles 8 et 14 de la convention européenne de sauvegarde des droits de l'homme et des libertés fondamentales après avoir relevé que les règles d'accès aux données personnelles d'un donneur de gamètes, fixées par le législateur et sur lesquelles sont fondés les refus litigieux, ne sont pas incompatibles avec les stipulations de ces articles. Le requérant soutient que les premiers juges auraient, ce faisant, méconnu leur office dès lors qu'il invoquait également la violation de ces articles par les refus qui lui avaient été opposés, en faisant valoir, d'une part, l'accord de sa famille légale avec sa démarche et, d'autre part, l'absence de vérification préalable du consentement du donneur à la divulgation de son identité. Il est vrai que la compatibilité de la loi avec les stipulations de la convention européenne de sauvegarde des droits de l'homme et des libertés fondamentales ne fait pas obstacle à ce que, dans

certaines circonstances particulières, l'application de dispositions législatives puisse constituer une ingérence disproportionnée dans les droits garantis par cette convention et qu'il appartient par conséquent au juge, lorsque le requérant fait état de telles circonstances particulières, d'apprécier concrètement si, au regard des finalités des dispositions législatives en cause, l'atteinte aux droits et libertés protégés par la convention qui résulte de la mise en œuvre de dispositions, par elles-mêmes compatibles avec celle-ci, n'est pas excessive.

6. Plusieurs considérations d'intérêt général ont conduit le législateur à interdire la divulgation de toute information sur les données personnelles d'un donneur de gamètes puis à écarter toute modification de cette règle de l'anonymat, notamment la sauvegarde de l'équilibre des familles et le risque majeur de remettre en cause le caractère social et affectif de la filiation, le risque d'une baisse substantielle des dons de gamètes, ainsi que celui d'une remise en cause de l'éthique qui s'attache à toute démarche de don d'éléments ou de produits du corps. Au regard de cette dernière finalité, qui traduit la conception française du respect du corps humain, aucune circonstance particulière propre à la situation d'un demandeur ne saurait conduire à regarder la mise en œuvre des dispositions législatives relatives à l'anonymat du don de gamètes, qui ne pouvait conduire qu'au rejet des demandes en litige, comme portant une atteinte excessive aux droits et libertés protégés par la convention européenne de sauvegarde des droits de l'homme et des libertés fondamentales. Il en résulte que le moyen tiré de ce que les refus litigieux portaient, dans les circonstances particulières de l'espèce, une atteinte excessive aux droits de M. A... protégés par les articles 8 et 14 de la convention européenne de sauvegarde des droits de l'homme et des libertés fondamentales était inopérant et que, en s'abstenant d'y répondre, le tribunal administratif, qui n'a pas méconnu son office, n'a pas entaché son jugement d'erreur de droit.

7. Il résulte de tout ce qui précède que le pourvoi de M. A... doit être rejeté (...)

Commentaire de l'arrêt CE, 28 décembre 2017, M. B. A.

Le souci de la loi de donner à l'enfant à naître un environnement perçu comme le plus stabilisant possible a conduit aussi le législateur à consacrer la règle de l'anonymat du don de gamètes ou d'embryon au lieu de celui du droit de l'enfant à connaître ses origines biologiques comme l'a fait, par exemple, la Suède ou comme envisage de le faire le Royaume-Uni. » Les Lois de la bioéthique : cinq ans après : étude adoptée par l'Assemblée générale du Conseil d'État le 25 novembre 1999.

L'arrêt que nous allons commenter a été rendu par le Conseil d'État en date du 28 décembre 2017 suite à sa saisine par M. B. A. après le rejet par le Tribunal administratif de Paris de ses demandes tendant à la communication des documents relatifs à l'identification de la personne auteur d'un don de gamète ayant permis sa conception. Le Conseil d'État, saisi d'un pourvoi le 29 janvier 2016, dû faire face à 2 problèmes de droit : un problème d'application de la loi dans le temps et un problème relatif à l'anonymat dans le domaine du don de gamètes. Dans un premier temps, le Conseil d'État rejeta le moyen selon lequel les articles 16-8 du Code civil et 1211-5 du Code de la santé publique ne sont pas applicables en l'espèce puisqu'issus des lois bioéthiques de 1994 et que sa naissance est antérieure à 1994. Dans un deuxième temps, la haute juridiction administrative rejeta le second moyen de M. B. A. selon lequel les règles d'accès aux données personnelles d'un donneur de gamètes méconnaîtraient les articles 8 et 14 de la Convention européenne des droits de l'homme. Le Conseil d'État rejeta toutes les demandes de M. B. A.

L'étude de cet arrêt nous conduit à nous pencher sur les conditions permettant la levée de l'anonymat dans le cadre du don d'éléments ou de produits du corps humain et plus précisément dans le cadre d'une procréation médicale assistée. C'est ce que nous verrons tout d'abord dans l'étude des principes attachés à la procréation médicale assistée (I) puis dans l'examen de ces exceptions (II).

I. Les principes de la procréation médicale assistée

La procréation médicale assistée nécessite dans certains cas de faire appel au don. Il s'agit plus précisément du don de matériel génétique et dans notre espèce du don de gamètes. Le droit encadre cette pratique médicale notamment en établissant les conditions au recours à la procréation médicale assisté (A) et en imposant le respect de l'anonymat (B).

A. Les conditions de la procréation médicale assistée

L'assistance médicale à la procréation est définie par le droit français comme un ensemble de « pratiques cliniques et biologiques permettant la conception in vitro, le transfert d'embryons et l'insémination artificielle, ainsi que toute technique d'effet équivalent permettant la procréation en dehors du processus naturel » Article L2141- 1 du Code de la Santé publique.

Selon l'article L2141-2, l'assistance médicale à la procréation a un seul but : remédier à l'infertilité médicalement diagnostiquée ou éviter la transmission à l'enfant ou à un membre du couple d'une maladie d'une particulière gravité.

Le don est gratuit, ce qui signifie qu'il ne peut être rémunéré et qu'il sera pratiqué qu'au sein d'un organisme ou d'un établissement de santé à but non lucratif.

B. La préservation de l'anonymat

L'étendue de l'anonymat est complète car ce principe est à double sens : il vaut aussi bien pour le donneur que pour le receveur : « Le donneur ne peut connaître l'identité du receveur ni le receveur celle du donneur » article 16-8 du Code civil. Ce large spectre pourrait s'expliquer par le risque s'il n'existait pas « d'une baisse substantielle des dons de gamètes », d'une « remise en cause de l'éthique ».

II. L'anonymat du don : une garantie non absolue

L'anonymat n'est pas un principe intangible, le droit positif prévoit effectivement la possibilité de lever l'anonymat sous certaines conditions et dans certaines situations (A'), situations qui sont peut-être évolutives (B').

A'. La levée de l'anonymat

Le droit positif prévoit 2 cas dans lesquels l'anonymat pourra être levé.

Le premier cas intéresse la personne du donneur avec l'article 1131-1-2 du Code de la santé publique qui dispose « (...) Lorsqu'est diagnostiquée une anomalie génétique grave dont les conséquences sont susceptibles de mesures de prévention, y compris de conseil génétique, ou de soins chez une personne qui a fait un don de gamètes ayant abouti à la conception d'un ou plusieurs enfants ».

Le second cas intéresse la personne du receveur avec l'article L1244-6 du Code de la santé publique qui dispose « Un médecin peut accéder aux informations médicales non identifiantes en cas de nécessité thérapeutique concernant un enfant conçu à partir de gamètes issus de don ».

Vos propos sont justes mais vous ne commentez pas, vous paraphrasez l'arrêt.

B'. Vers un élargissement des situations de levé de l'anonymat ?

En l'espèce le requérant demande au Conseil d'État qu'il annule les refus de levée de l'anonymat car ils seraient contraires aux articles 8 (respecte de la vie privée) et 14 (interdiction de la discrimination) de la Convention européenne des droits de l'homme. Si le Conseil d'État admet qu'il puisse être porté atteinte au principe de l'anonymat du don (cf. développements supra) il refuse de voir dans cette interdiction de divulgation de l'identité du donneur une violation de la Convention européenne des droits de l'homme.

Liste des annotations

1. Oui !
2. Vos propos sont justes mais vous ne commentez pas, vous paraphrasez l'arrêt. Ces développements ne présentent donc que très peu d'intérêt si vous ne parvenez pas à ajouter une réflexion personnelle.
3. Ces propos sont d'une part hors sujet par rapport au commentaire puisqu'il s'agit d'une définition de la PMA or les définitions n'ont pas leur place dans le corps du commentaire (peut-être en introduction) et d'autre part hors sujet par rapport au titre que vous avez donné à votre sous-partie.
4. Oubli de l'énoncé des problèmes de droit posés au juge.
5. Que demande M.B.A au CE ? L'annulation pour excès de pouvoir des décisions prises par le TA.
6. Votre titre n'est pas un titre de commentaire car il ne reflète pas une idée personnelle mais se contente d'être descriptif.
7. Quid de la liaison entre l'accroche et l'annonce de l'arrêt ?
8. Vous vous contentez de reprendre l'arrêt. Réagissez sur la décision du juge soit en confirmant cette décision soit en critiquant de manière constructive la haute juridiction administrative
9. Formulation maladroite
10. Quel est le contenu de ces articles ? Protection de la vie privée et interdiction de la discrimination
11. Quid de l'ouverture ?
12. Et alors ? Quel est le lien avec l'arrêt à commenter ? Propos hors sujet.
13. Formulation maladroite
14. Attention : confusion entre la problématique et le problème de droit posé au juge. Ce sont deux choses bien différentes.
15. Quel est le contenu de ces articles ?
16. Attention : une seule formule interrogative dans votre devoir : la problématique. Vous ne devez pas vous interroger après puisque vous répondez – en vous affirmant – à cette problématique !
17. Précisez davantage votre titre
18. Qui des 2 autres arguments évoqués par le CE ?
19. Et alors... Vous devez maintenant renchérir sur les propos du CE. Aller plus loin !
20. Même remarque que sous (I)
21. Qui de la transition entre (I) et (II) ?
22. Quid de la transition entre (A) et (B) ?

4. Le commentaire de texte juridique 2 1 6

Le texte que vous allez commenter doit être le cœur de votre devoir. Ne transformez pas votre commentaire en dissertation. Vos propos ne doivent ni dépasser le texte, ni le paraphraser. Deux phases doivent être distinguées lorsque vous réaliserez un commentaire : une phase de réflexion et une phase de rédaction. Pour éviter ces deux écueils, vous pouvez, dans vos développements, revenir au texte, en le mentionnant ou en le citant. En effet, votre réflexion porte sur ce support et ne doit pas se perdre dans des considérations qui y seraient étrangères.

a. La phase de réflexion

La lecture du sujet :

Cette lecture est intellectuellement active, mais matériellement passive. Restez bien concentré sur le sujet. Ne prenez pas de stylo et contentez-vous de lire en étant concentré sur le sujet et sa compréhension.

L'analyse du sujet :

Une fois le sujet lu, vous pouvez vous munir de stylos, ou encore mieux de surligneurs, afin d'identifier les points clefs du texte et de repérer sa structure.

b. La phase de rédaction

Le plan :

Un plan en deux parties et quatre sous-parties vous est demandé. Grâce à cela, vous montrerez au correcteur que vous êtes capable d'analyser posément, de façon structurée, et de réfléchir à partir d'un texte. Efforcez-vous donc d'organiser les éléments tirés de votre analyse précédente en quatre groupes, puis deux.

La rédaction :

Passons à l'écriture ! La rédaction du plan, des titres, des transitions et des chapeaux introductifs répond aux mêmes exigences que celles posées pour l'exercice de la dissertation.

En revanche, l'introduction du commentaire de texte ne répond pas aux mêmes exigences méthodologiques que celle de la dissertation. Elle est plus courte (entre 15 et 20 lignes) et se décompose en 3 étapes :

- ***l'accroche*** est le lever de rideau, elle amène le sujet (v. p. 54). Dans un commentaire, n'hésitez pas à citer une petite partie du texte que vous avez à commenter ;
- ***l'explication du texte et l'annonce progressive*** de votre angle d'attaque doivent se faire en répondant à cinq questions :
  - qui est l'auteur ?
  - quoi ? Présenter le texte à commenter,
  - quand ? Situez le texte dans le temps,
  - où ? Situez le texte dans l'espace,
  - pourquoi ? Expliquez les raisons pour lesquelles ce texte a été écrit ? Ce travail vous permet de mettre en avant l'intérêt du sujet ;
- ***l'annonce*** de votre problématique et de votre plan.

19. Lisez le texte ci-dessous et, en vous aidant des éléments reproduits, rédigez l'introduction du commentaire de ce texte.

« L'idée de corporation d'États étant écartée, comment faut-il caractériser l'État fédéral ? Pour déterminer la nature de cet État, il est essentiel d'observer que dans sa Constitution il entre à la fois un principe unitaire et un principe fédératif. L'État fédéral est tout ensemble un État et une fédération d'États. D'une part, il tient de l'État unitaire, et par là il se distingue de la confédération d'États ; d'autre part, il est formé d'États multiples reliés entre eux par un lien fédératif, et par là il se différencie de l'État unitaire. Il faut examiner successivement ces deux aspects de l'État fédéral. »

Raymond Carré de Malberg, *Contribution à la théorie générale de l'État*, Paris : Librairie du Recueil Sirey, 1920, Tome 1, pp. 102-111 (extraits)

Éléments Biographiques

Raymond Carré de Malberg, né le 1er novembre 1861 à Strasbourg et mort le 21 mars 1935 dans la même ville, est un juriste positiviste et constitutionnaliste français. Il obtint l'agrégation de droit en 1890, puis enseigna à Caen, Nancy et Strasbourg.

En 1914, Carré de Malberg publie son premier article significatif, consacré à « La condition juridique de l'Alsace-Lorraine dans l'Empire allemand » et il faudra attendre 1920 pour qu'il publie le premier volume de son œuvre maîtresse, la *Contribution à la théorie générale de l'État*. Suivent alors le deuxième tome de sa *Théorie générale de l'État* (1922), ses principaux articles, *La loi, expression de la volonté générale* (1931) et enfin la *Confrontation de la Théorie de la formation du droit par degrés avec les idées et les institutions consacrées par le droit positif français relativement à sa formation* (1933).

Il est à l'origine d'une étude sur la distinction « souveraineté populaire et souveraineté nationale ». Il a dénoncé le « parlementarisme absolu » sous la IIIe République. Il propose une alternative à ce parlementarisme absolu : donner plus de pouvoir au gouvernement. Ainsi, l'exécutif sera plus fort et le législatif soumis au gouvernement. Il explique que l'État est caractérisé par la puissance et qu'il est la personne juridique suprême mais qu'il n'est pas supérieur au droit.

Éléments complémentaires

État fédéral : État composé de plusieurs collectivités politiques (États fédérés), auxquelles il se superpose. Il s'agit donc d'un État « à double étage ». La Constitution fédérale répartit les compétences entre l'État fédéral et les États membres, mais ces derniers ont la garantie d'une participation aux décisions fédérales grâce à l'organisation particulière d'un pouvoir législatif fédéral, qui comporte une chambre des États à côté de la chambre de la population.

État unitaire : État comportant un centre unique d'impulsion politique auquel la population est uniformément soumise sur tout le territoire, les circonscriptions territoriales ne jouissant d'aucune autonomie politique.

....

....

....

....

....

5. La question à réponse courte 1 3

La QRC a fait son apparition depuis quelques années dans le monde des exercices juridiques et occupe une place de plus en plus importante. D'apparence facile, ne vous y trompez pas, car elle n'est pas une simple définition. Elle requiert des connaissances solides et une capacité certaine à organiser ces idées, tout cela en un minimum de temps et de lignes. En effet, la QRC doit être traitée en 30 minutes (une épreuve de QRC contient plusieurs questions que vous devrez traiter en deux, trois ou quatre heures selon l'examen ou le concours) et vos développements doivent tenir sur une vingtaine de lignes.

La QRC doit ***satisfaire à plusieurs impératifs*** :

– ***des réponses complètes :*** vous ne devez pas oublier un aspect du sujet, il vous faut avoir des connaissances actualisées et utiliser au maximum l'espace imparti en ne vous contentant pas de rédiger dix lignes sur les vingt demandées ;

– ***des réponses synthétiques :*** elles doivent tenir en vingt lignes, donc vous devez faire preuve d'esprit de synthèse, vous ne pouvez pas vous attacher au détail sous peine d'excéder le nombre imparti de lignes et d'être pénalisé ;

– ***des réponses construites :*** la QRC ne demande pas le même formalisme que les dissertations, elle doit être rédigée en suivant un raisonnement rigoureux. Les développements doivent être organisés en deux ou trois points. De plus, quelques mots introductifs et un élargissement seront appréciés. Faut-il suivre un plan ? Certaines questions appellent au « plan convenu » :

- ***la question porte sur un organisme ou une institution*** : étudiez le statut et les compétences,
- ***la question porte sur une définition*** : examiner les différents éléments constitutifs,
- ***la question porte sur une notion :*** vous devez vous attacher à sa définition, puis à son régime juridique (c'est-à-dire les règles qui lui sont applicables),
- ***la question porte sur une procédure :*** traitez les conditions et leurs effets ou conséquences ainsi que ses applications, ses utilisations,
- ***la question porte sur une comparaison :*** présentez les ressemblances et les différences, étudiez les relations entre les deux, ou encore dégagez deux thèmes et analysez comment ils se présentent pour chaque élément.

20. Attribuez chacun des sujets de QRC suivants à la catégorie à laquelle il correspond.

- A. Le président de la République française
- B. Qu'est-ce que le FMI ?
- C. Le droit de l'Union européenne
- D. Le mariage
- E. PACS et mariage
- F. Qu'est-ce qu'une Constitution ?
- G. Le Conseil de la magistrature
- H. La Cour européenne des droits de l'Homme
- I. Les cas de divorce
- J. La filiation
- K. La mise en œuvre du divorce pour faute
- L. L'article 16 de la Constitution
- M. Président de la République et Premier ministre
- N. Comment mettre en œuvre un référendum ?
- O. États fédéraux et État unitaire

Organisme ou institution	Définition	Notion	Procédure	Comparaison

6. Le cas pratique ou la consultation juridique 3

Le cas pratique est une véritable mise en situation : vous entrez dans la peau d'un juriste professionnel ! Cet exercice consiste en un exposé de faits conduisant à un problème juridique, que vous allez devoir résoudre. Le cas pratique met en avant la capacité de l'étudiant à raisonner et le raisonnement juridique est la pierre angulaire de toutes les activités juridiques !

Pour résoudre un cas pratique, vous devez procéder en deux temps : la réflexion et la rédaction.

a. La réflexion

Formuler le problème de droit :

Il faut dégager le problème juridique qui est posé par le cas pratique, pour cela vous devez :

- ***qualifier juridiquement les faits***, les transformer en droit, donc déterminer à quelle catégorie juridique vos faits appartiennent. Par exemple, si vous partez de chez le boulanger sans payer votre baguette (faits) votre geste peut être qualifié de vol (qualification juridique) ;

- ***être attentif à la formulation de la question posée*** en fin d'énoncé du cas pratique. Celle-ci peut être ouverte : « Qu'en pensez-vous ? » ou « Madame S. vient vous consulter pour savoir ce que vous pensez de sa situation ». Dans ce cas, vous formulez librement le problème de droit. La question posée peut être également fermée : « Madame S. vous consulte afin de savoir comment régler sa situation. » Dans ce cas, vous n'avez pas le choix de la formulation du problème de droit et devrez reprendre, peut-être en la précisant, la question de l'énoncé.

Dégager la (ou les) règles(s) de droit applicable(s) :

Cette étape nécessite de connaître vos cours. La règle de droit peut être matérialisée par un article d'un code, une loi, un article de traité international, un règlement, un décret, etc.

Appliquer la règle de droit à l'espèce :

C'est ici qu'intervient le syllogisme juridique, c'est-à-dire votre capacité à raisonner de manière déductive, et ce, en trois propositions successives :

- ***la majeure :*** la règle de droit ;

- ***la mineure :*** la confrontation des faits à la règle de droit ;

- ***la conclusion :*** la solution que vous apportez au problème.

b. La rédaction

L'introduction :

Vous devez rédiger une introduction qui résume brièvement les faits, les qualifie juridiquement et énonce le (ou les) problème(s) de droit.

Les développements :

Le corps de votre propos doit être structuré. Il ne vous est pas demandé de faire un plan, comme pour la dissertation, mais vous devez organiser vos idées, par exemple, en traitant les uns après les autres les différents problèmes juridiques.

Les syllogismes :

Dans chacune de vos parties vous devez procéder aux syllogismes.

21. Établissez le syllogisme de chacune de situations suivantes.

Situation n° 1 :

Faits : Le gouvernement vient d'être victime d'une motion de censure à l'Assemblée nationale, signifiant ainsi sa démission. Le président de la République entend alors dissoudre l'Assemblée nationale mais le Président de cette assemblée s'y oppose.

Problème de droit : Le président de la République peut-il dissoudre l'Assemblée nationale ?

Règle de droit : Article 12 de la Constitution de 1958 « Le président de la République peut, après consultation du Premier ministre et des présidents des assemblées, prononcer la dissolution de l'Assemblée nationale. Les élections générales ont lieu vingt jours au moins et quarante jours au plus après la dissolution. L'Assemblée nationale se réunit de plein droit le deuxième jeudi qui suit son élection. Si cette réunion a lieu en dehors de la période prévue pour la session ordinaire, une session est ouverte de droit pour une durée de quinze jours. Il ne peut procéder à une nouvelle dissolution dans l'année qui suit ces élections. »

....

....

....

....

....

Situation n° 2 :

Faits : Monsieur V est marié avec Madame V depuis le 20 avril 2009. Madame V met au monde un petit garçon, Auguste, le 20 avril 2010. Madame V a eu une aventure extraconjugale avec Monsieur Y entre janvier 2009 et février 2010. Auguste ne ressemble pas beaucoup à Monsieur V.

Problème de droit : Légalement et en l'état actuel des choses, qui est considéré comme le père d'Auguste ?

Règle de droit : Article 312 du Code civil « L'enfant conçu ou né pendant le mariage a pour père le mari. »

....

....

....

....

....

PARTIE 2

Initiation à 6 matières juridiques

- Introduction générale au Droit ;
- Droit civil : Droit des personnes et de la famille ;
- Droit des institutions juridictionnelles ;
- Histoire constitutionnelle française ;
- Droit constitutionnel ;
- Institutions de l'Union européenne.

FICHE 1

Introduction générale au Droit

Qu'est-ce que l'introduction générale au Droit ?
Selon le Larousse, l'Introduction est, d'une part, « ce qui sert de préparation à une étude » et, d'autre part, une « action d'introduire quelqu'un dans un lieu ». L'introduction générale au Droit a donc un double aspect : tout d'abord un aspect passif, puisque cette matière donne les clés aux étudiants leur permettant d'appréhender au mieux la matière juridique, mais aussi un aspect actif, car ils sont introduits dans le monde juridique. Cette introduction se fait essentiellement par le biais de deux axes : la définition du droit et la connaissance de ses différentes sources.

Pourquoi étudier l'introduction générale au Droit ?
Permettre aux étudiants d'être « introduits » dans la matière juridique, donc de les aider à entrer dans le monde du droit avec ses propres codes et complexités.

Qu'est-ce que le droit ?

1. Répondez aux affirmations suivantes en cochant la bonne réponse.

1) Le droit pourrait se définir comme étant :

❏ A. La matière régissant l'activité des hommes en société
❏ B. Le contraire de gauche
❏ C. Une multitude de règles

2) Les droits pourraient se définir comme :

❏ A. Des prérogatives reconnues aux individus par le droit
❏ B. L'ensemble des devoirs incombant aux individus d'une société déterminée
❏ C. Le contraire des gauches

3) La règle de droit est :

❏ A. Individuelle et personnelle
❏ B. Générale et impersonnelle
❏ C. Générale et universelle

4) La règle de droit est aussi :

❏ A. Une faculté
❏ B. Une option
❏ C. Un commandement

5) La règle de droit est enfin :

❏ A. Sanctionnée par la puissance publique, en cas d'inexécution
❏ B. Sanctionnée par le peuple, en cas d'inexécution
❏ C. N'est susceptible d'aucune sanction en cas d'inexécution

La distinction entre droit objectif et droits subjectifs

FOCUS

Le contenu du droit est double : le droit objectif et les droits subjectifs. C'est tout d'abord un corpus de règles destiné à réglementer les rapports entre les hommes au sein d'une société donnée. Le respect et l'éventuelle sanction en cas de non-respect est assurée par l'Autorité publique, l'État. Cette définition correspond à ce que nous appelons le droit objectif. C'est aussi une (ou plusieurs) prérogative(s) accordée(s) par le droit objectif à un (ou des) individu(s), leur permettant d'user d'une chose ou d'exiger l'exécution d'une prestation. C'est ce que nous appelons les droits subjectifs.

2. Attribuez chacune de ces normes juridiques à la catégorie qui lui correspond.

A. « Le gouvernement détermine et conduit la politique de la nation... » Article 20 de la Constitution de 1958.

B. « Chacun a droit au respect de sa vie privée... » Article 9 du Code civil

C. « Chacun des parents contribue à l'entretien et à l'éducation des enfants à proportion de ses ressources, de celles de l'autre parent, ainsi que des besoins de l'enfant.
Cette obligation ne cesse pas de plein droit lorsque l'enfant est majeur. » Article 371-2 du Code civil.

D. « L'Union a pour but de promouvoir la paix, ses valeurs et le bien-être de ses peuples... » Article du Traité sur l'Union européenne (Traité de Lisbonne).

E. « L'objectif ultime de la présente Convention [...] est de stabiliser [...], les concentrations de gaz à effet de serre dans l'atmosphère à un niveau qui empêche toute perturbation anthropique dangereuse du système climatique... » Article 2 de la Convention-cadre des Nations unies de New York.

F. La propriété est le droit de jouir et de disposer des choses de la manière la plus absolue, pourvu qu'on n'en fasse pas un usage prohibé par les lois ou par les règlements. » Article 544 du Code civil.

G. « Aucun salarié ne doit subir les agissements répétés de harcèlement moral qui ont pour objet ou pour effet une dégradation de ses conditions de travail susceptible de porter atteinte à ses droits et à sa dignité, d'altérer sa santé physique ou mentale ou de compromettre son avenir professionnel. » Article L. 1152-1 du Code du travail.

H. « L'action est le droit, pour l'auteur d'une prétention, d'être entendu sur le fond de celle-ci afin que le juge la dise bien ou mal fondée. Pour l'adversaire, l'action est le droit de discuter le bien-fondé de cette prétention. » Article 30 du Code de procédure civile.

DROIT OBJECTIF

DROITS SUBJECTIFS

Les différentes sources du droit

FOCUS

Les sources de ***l'ordre juridique français*** (l'ensemble des textes régissant l'État français) constituent un tout complexe et vivant qui est ordonné selon une hiérarchie appelée, en France, ***la Hiérarchie des normes*** (système créé par Hans Kelsen dans lequel les règles juridiques sont classées en fonction de leur autorité : plus l'autorité est élevée plus la règle de droit se situe en haut de la hiérarchie). Celle-ci implique que les règles de niveau inférieur soient conformes aux règles de niveau supérieur le tout sous une forme pyramidale !

3. Complétez le schéma à l'aide des mots suivants :

Traités internationaux et européens

Lois

Constitution

Règlements

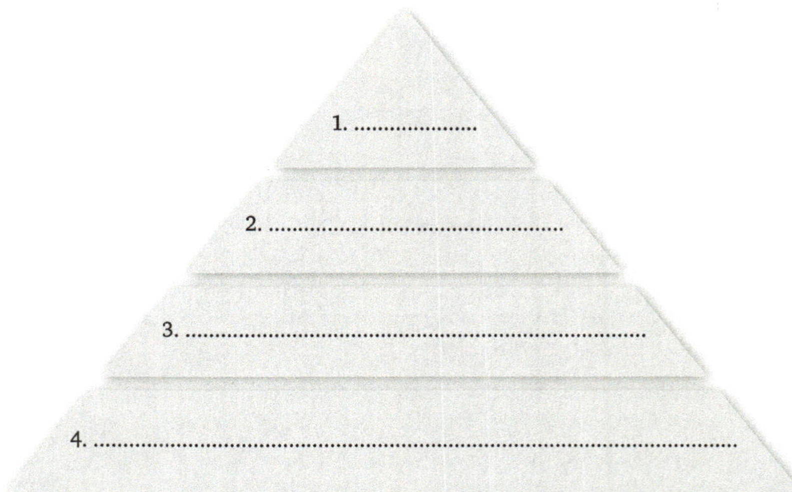

La Constitution

FOCUS

La première des sources est la Constitution. En droit français, il faut entendre par « Constitution », non seulement les 89 articles, composant l'œuvre adoptée en 1958 et intéressant uniquement l'organisation politique de la Vᵉ République, mais également les textes relatifs aux droits et libertés garantis par cette République, consacrés par un ensemble de textes et de déclarations appelés « Bloc de constitutionnalité » et constitué par :

- le Préambule de la Constitution de 1958 ;
- le Préambule de la Constitution de 1946 ;
- la Déclaration des droits de l'Homme et du Citoyen de 1789 ;
- la Charte de l'environnement de 2004 ;
- les principes fondamentaux reconnus par les lois de la République ;
- les principes particulièrement nécessaires à notre temps.

Le Préambule de la Constitution de 1946

FOCUS

Ce texte a été rédigé au lendemain de la Libération et proclame notamment des **principes politiques de nature économique et sociale**.

4. *Lisez cet extrait du Préambule de la Constitution de 1946, puis reliez chaque article au droit ou à la liberté qu'il consacre.*

Art. 1 : Au lendemain de la victoire remportée par les peuples libres sur les régimes qui ont tenté d'asservir et de dégrader la personne humaine, le peuple français proclame à nouveau que tout être humain, sans distinction de race, de religion ni de croyance, possède des droits inaliénables et sacrés. Il réaffirme solennellement les droits et libertés de l'homme et du citoyen consacrés par la Déclaration des droits de 1789 et les principes fondamentaux reconnus par les lois de la République.

Art. 2 : Il proclame, en outre, comme particulièrement nécessaires à notre temps, les principes politiques, économiques et sociaux ci-après :

Art. 3 : La loi garantit à la femme, dans tous les domaines, des droits égaux à ceux de l'homme.

Art. 4 : Tout homme persécuté en raison de son action en faveur de la liberté a droit d'asile sur les territoires de la République.

Art. 5 : Chacun a le devoir de travailler et le droit d'obtenir un emploi. Nul ne peut être lésé, dans son travail ou son emploi, en raison de ses origines, de ses opinions ou de ses croyances.

Art. 6 : Tout homme peut défendre ses droits et ses intérêts par l'action syndicale et adhérer au syndicat de son choix.

Art. 7 : Le droit de grève s'exerce dans le cadre des lois qui le réglementent.

[...]

Art. 10 : La Nation assure à l'individu et à la famille les conditions nécessaires à leur développement.

Art. 11 : Elle garantit à tous, notamment à l'enfant, à la mère et aux vieux travailleurs, la protection de la santé, la sécurité matérielle, le repos et les loisirs. Tout être humain qui, en raison de son âge, de son état physique ou mental, de la situation économique, se trouve dans l'incapacité de travailler a le droit d'obtenir de la collectivité des moyens convenables d'existence.

[...]

Art. 13 : La Nation garantit l'égal accès de l'enfant et de l'adulte à l'instruction, à la formation professionnelle et à la culture. L'organisation de l'enseignement public gratuit et laïque à tous les degrés est un devoir de l'État.

[...]

1. Article 1	**A.** Principe de non-discrimination
2. Article 3	**B.** État providence
3. Article 4	**C.** Droit à la culture et à l'éducation
4. Article 5	**D.** Respect de la dignité humaine
5. Article 6	**E.** Droit de grève
6. Article 7	**F.** Égalité homme/femme
7. Article 10	**G.** Droit au travail
8. Article 11	**H.** Droit d'être syndiqué
9. Article 13	**I.** Asile politique

Les traités internationaux et européens

FOCUS

Ce sont des accords passés entre États et organisations internationales produisant des effets juridiques dans leurs relations. Ils sont de véritables conventions qui lient les signataires et se sont intensifiées ces dernières années parce que les relations internationales se sont multipliées. Leur objectif est, dans un certain nombre de domaines, de fixer des règles que les signataires s'engagent à respecter.

La Convention européenne des droits de l'Homme

FOCUS

Le Conseil de l'Europe se dote, le 4 novembre 1950, d'une Convention européenne de sauvegarde des droits de l'Homme (Conv. EDH), qui entre en vigueur en 1953. Elle consacre, d'une part, une série de droits et libertés et organise, d'autre part, un mécanisme visant à garantir le respect par les États des obligations contractées par eux : la Cour européenne des droits de l'Homme dont le siège est à Strasbourg.

5. *Lisez l'extrait de la Convention européenne des Droits de l'Homme suivant puis répondez aux affirmations de la page 72 par VRAI ou FAUX.*

Convention européenne de sauvegarde des droits de l'Homme et des libertés fondamentales

Les gouvernements signataires [...]

Résolus, en tant que gouvernements d'États européens animés d'un même esprit et possédant un patrimoine commun d'idéal et de traditions politiques, de respect de la liberté et de prééminence du droit, à prendre les premières mesures propres à assurer la garantie collective de certains des droits énoncés dans la Déclaration universelle,

Sont convenus de ce qui suit :

ARTICLE 1
Obligation de respecter les droits de l'homme

Les Hautes Parties contractantes reconnaissent à toute personne relevant de leur juridiction les droits et libertés définis au Titre I de la présente Convention.

TITRE I - DROITS ET LIBERTÉS

ARTICLE 2
Droit à la vie

1. Le droit de toute personne à la vie est protégé par la loi. La mort ne peut être infligée à quiconque intentionnellement, sauf en exécution d'une sentence capitale prononcée par un tribunal au cas où le délit est puni de cette peine par la loi.

[...]

ARTICLE 3
Interdiction de la torture

Nul ne peut être soumis à la torture ni à des peines ou traitements inhumains ou dégradants.

ARTICLE 4
Interdiction de l'esclavage et du travail forcé

1. Nul ne peut être tenu en esclavage ni en servitude.

2. Nul ne peut être astreint à accomplir un travail forcé ou obligatoire.

[...]

ARTICLE 5
Droit à la liberté et à la sûreté

1. Toute personne a droit à la liberté et à la sûreté. Nul ne peut être privé de sa liberté, sauf dans les cas suivants et selon les voies légales :

a) s'il est détenu régulièrement après condamnation par un tribunal compétent ;

b) s'il a fait l'objet d'une arrestation ou d'une détention régulières pour insoumission à une ordonnance rendue, conformément à la loi, par un tribunal ou en vue de garantir l'exécution d'une obligation prescrite par la loi ;

c) s'il a été arrêté et détenu en vue d'être conduit devant l'autorité judiciaire compétente, lorsqu'il y a des raisons plausibles de soupçonner qu'il a commis une infraction ou qu'il y a des motifs raisonnables de croire

.../...

à la nécessité de l'empêcher de commettre une infraction ou de s'enfuir après l'accomplissement de celle-ci ;

d) s'il s'agit de la détention régulière d'un mineur, décidée pour son éducation surveillée ou de sa détention régulière, afin de le traduire devant l'autorité compétente ;

e) s'il s'agit de la détention régulière d'une personne susceptible de propager une maladie contagieuse, d'un aliéné, d'un alcoolique, d'un toxicomane ou d'un vagabond ;

f) s'il s'agit de l'arrestation ou de la détention régulières d'une personne pour l'empêcher de pénétrer irrégulièrement dans le territoire, ou contre laquelle une procédure d'expulsion ou d'extradition est en cours.

[...]

ARTICLE 6
Droit à un procès équitable

1. Toute personne a droit à ce que sa cause soit entendue équitablement, publiquement et dans un délai raisonnable, par un tribunal indépendant et impartial, établi par la loi, qui décidera, soit des contestations sur ses droits et obligations de caractère civil, soit du bien-fondé de toute accusation en matière pénale dirigée contre elle. Le jugement doit être rendu publiquement, mais l'accès de la salle d'audience peut être interdit à la presse et au public pendant la totalité ou une partie du procès dans l'intérêt de la moralité, de l'ordre public ou de la sécurité nationale dans une société démocratique, lorsque les intérêts des mineurs ou la protection de la vie privée des parties au procès l'exigent, ou dans la mesure jugée strictement nécessaire par le tribunal, lorsque dans des circonstances spéciales la publicité serait de nature à porter atteinte aux intérêts de la justice.

2. Toute personne accusée d'une infraction est présumée innocente jusqu'à ce que sa culpabilité ait été légalement établie.

3. Tout accusé a droit notamment à :

a) être informé, dans le plus court délai, dans une langue qu'il comprend et d'une manière détaillée, de la nature et de la cause de l'accusation portée contre lui ;

b) disposer du temps et des facilités nécessaires à la préparation de sa défense ;

c) se défendre lui-même ou avoir l'assistance d'un défenseur de son choix et, s'il n'a pas les moyens de rémunérer un défenseur, pouvoir être assisté gratuitement par un avocat d'office, lorsque les intérêts de la justice l'exigent ;

d) interroger ou faire interroger les témoins à charge et obtenir la convocation et l'interrogation des témoins à décharge dans les mêmes conditions que les témoins à charge ;

e) se faire assister gratuitement d'un interprète, s'il ne comprend pas ou ne parle pas la langue employée à l'audience.

[...]

ARTICLE 8
Droit au respect de la vie privée et familiale

1. Toute personne a droit au respect de sa vie privée et familiale, de son domicile et de sa correspondance.

2. Il ne peut y avoir ingérence d'une autorité publique dans l'exercice de ce droit que pour autant que cette ingérence est prévue par la loi et qu'elle constitue une mesure qui, dans une société démocratique, est nécessaire à la sécurité nationale, à la sûreté publique, au bien-être économique du pays, à la défense de l'ordre et à la prévention des infractions pénales, à la protection de la santé ou de la morale, ou à la protection des droits et libertés d'autrui.

ARTICLE 9
Liberté de pensée, de conscience et de religion

1. Toute personne a droit à la liberté de pensée, de conscience et de religion ; ce droit implique la liberté de changer de religion ou de conviction, ainsi que la liberté de manifester sa religion ou sa conviction individuellement ou collectivement, en public ou en privé, par le culte, l'enseignement, les pratiques et l'accomplissement des rites.

2. La liberté de manifester sa religion ou ses convictions ne peut faire l'objet d'autres restrictions que celles qui, prévues par la loi, constituent des mesures nécessaires, dans une société démocratique, à la sécurité publique, à la protection de l'ordre, de la santé ou de la morale publiques, ou à la protection des droits et libertés d'autrui.

[...]

ARTICLE 14
Interdiction de discrimination

La jouissance des droits et libertés reconnus dans la présente Convention doit être assurée, sans distinction aucune, fondée notamment sur le sexe, la race, la couleur, la langue, la religion, les opinions politiques ou toutes autres opinions, l'origine nationale ou sociale, l'appartenance à une minorité nationale, la fortune, la naissance ou toute autre situation.

[...]

TITRE II

COUR EUROPÉENNE DES DROITS DE L'HOMME

ARTICLE 19
Institution de la Cour

Afin d'assurer le respect des engagements résultant pour les Hautes Parties contractantes de la présente Convention et de ses protocoles, il est institué une Cour européenne des droits de l'homme, ci-dessous nommée « la Cour ». Elle fonctionne de façon permanente.

[...]

TITRE III - DISPOSITIONS DIVERSES

[...]

ARTICLE 58
Dénonciation

1. Une Haute Partie contractante ne peut dénoncer la présente Convention qu'après l'expiration d'un délai de cinq ans à partir de la date d'entrée en vigueur de la Convention à son égard et moyennant un préavis de six mois, donné par une notification adressée au Secrétaire général du Conseil de l'Europe, qui en informe les autres Parties contractantes.

2. Cette dénonciation ne peut avoir pour effet de délier la Haute Partie contractante intéressée des obligations contenues dans la présente Convention en ce qui concerne tout fait qui, pouvant constituer une violation de ces obligations, aurait été accompli par elle antérieurement à la date à laquelle la dénonciation produit effet.

[...]

	VRAI	FAUX
1. La peine de mort est interdite par la CEDH.		
2. La torture peut être tolérée en cas de conflits armés.		
3. L'interdiction de l'esclavage ne connaît aucune dérogation.		
4. La liberté d'aller et venir d'une personne peut être limitée voire restreinte en cas de condamnation de cette dernière par un tribunal compétent.		
5. La présomption d'innocence est garantie par la CEDH.		
6. Les droits de la défense ne sont pas garantis par la CEDH.		
7. L'État peut violer la vie privée de toute personne dès lors qu'elle est soupçonnée de la commission d'une infraction.		
8. La liberté de pensée, de conscience et de religion ne connaît aucune limite.		
9. L'interdiction de discrimination ne s'applique pas aux opinions politiques.		
10. La violation de la CEDH par un État peut être sanctionnée par une juridiction spécialisée.		
11. Il est impossible pour un État signataire de dénoncer la CEDH.		

La loi

FOCUS

C'est un texte voté par le Parlement selon la procédure établie par la Constitution.

6. *Lisez la loi du 9 mai 2014 puis répondez aux questions ci-dessous.*

LOI n° 2014-459 du 9 mai 2014
permettant le don de jours de repos à un parent d'un enfant gravement malade

L'Assemblée nationale et le Sénat ont adopté,
Le président de la République promulgue la loi dont la teneur suit :

Article 1er

La sous-section 2 de la section IV du chapitre V du titre II du livre II de la première partie du Code du travail est ainsi modifiée :

1° L'intitulé est ainsi rédigé : « Congés pour maladie d'un enfant » ;

2° Il est ajouté un paragraphe 3 ainsi rédigé :

« Paragraphe 3 »

« Don de jours de repos à un parent d'enfant gravement malade »

« Art. L. 1225-65-1. – Un salarié peut, sur sa demande et en accord avec l'employeur, renoncer anonymement et sans contrepartie à tout ou partie de ses jours de repos non pris, qu'ils aient été affectés ou non sur un compte épargne temps, au bénéfice d'un autre salarié de l'entreprise qui assume la charge d'un enfant âgé de moins de vingt ans atteint d'une maladie, d'un handicap ou victime d'un accident d'une particulière gravité rendant indispensables une présence soutenue et des soins contraignants. Le congé annuel ne peut être cédé que pour sa durée excédant vingt-quatre jours ouvrables.

« Le salarié bénéficiaire d'un ou plusieurs jours cédés en application du premier alinéa bénéficie du maintien de sa rémunération pendant sa période d'absence. Cette période d'absence est assimilée à une période de travail effectif pour la détermination des droits que le salarié tient de son ancienneté. Le salarié conserve le bénéfice de tous les avantages qu'il avait acquis avant le début de sa période d'absence.

« Art. L. 1225-65-2. – La particulière gravité de la maladie, du handicap ou de l'accident mentionnés au premier alinéa de l'article L. 1225-65-1 ainsi que le caractère indispensable d'une présence soutenue et de soins contraignants est attesté par un certificat médical détaillé, établi par le médecin qui suit l'enfant au titre de la maladie, du handicap ou de l'accident. »

Article 2

Un décret en Conseil d'État détermine les conditions d'application de l'article 1er aux agents publics civils et militaires.

La présente loi sera exécutée comme loi de l'État.

Fait à Paris, le 9 mai 2014.

FRANÇOIS HOLLANDE

Par le président de la République :

Le Premier ministre,

MANUEL VALLS
La ministre des affaires sociales
et de la santé,

MARISOL TOURAINE
Le ministre du travail, de l'emploi
et du dialogue social,

FRANÇOIS REBSAMEN
La ministre de la décentralisation,
de la réforme de l'État
et de la fonction publique,

MARYLISE LEBRANCHU

10 mai 2014 JOURNAL OFFICIEL DE LA RÉPUBLIQUE

1. Qui a voté cette loi ?

....

2. En quelle année cette loi a-t-elle été votée ?

....

3. Qui a promulgué cette loi ?

....

4. Cette loi sera intégrée dans un code, lequel ?

....

5. Où est publiée cette loi ?

....

6. Quel est l'objet de cette loi ?

....

....

7. Quels sont les membres du gouvernement intéressés par cette loi ?

....

....

....

Le règlement

FOCUS

Acte dont la portée est générale et impersonnelle ; il est édicté par les autorités exécutives (le Premier ministre) et administratives (les collectivités territoriales).

7. *Lisez le décret du 25 avril 2018 puis répondez aux questions ci-dessous.*

Journal officiel de la République n° 0097 du 26 avril 2018

Décret n° 2018-296 du 25 avril 2018 instituant un délégué interministériel à la stratégie nationale pour l'autisme au sein des troubles du neuro-développement

Le Premier ministre,

Sur le rapport de la secrétaire d'État chargée des personnes handicapées,

Vu la Constitution, notamment son article 37,

Décrète :

Article 1

Il est institué un délégué interministériel à la stratégie nationale pour l'autisme au sein des troubles du neuro-développement. Il est placé sous l'autorité du ministre chargé des personnes handicapées.

Article 2

Le délégué interministériel est chargé de mettre en œuvre la stratégie nationale pour l'autisme au sein des troubles du neuro-développement. À cette fin, il a pour mission de :

1° Assurer le suivi de la mise en œuvre, au niveau interministériel, de la stratégie nationale et de sa prise en compte dans les politiques ministérielles associées ;

2° Garantir le recours régulier à l'expertise et l'expérience des usagers, des professionnels et des scientifiques ;

3° Coordonner le déploiement territorial de la stratégie ;

4° Coordonner, en mobilisant les parties prenantes à la stratégie nationale, la communication répondant aux besoins de sensibilisation, d'information et de formation ;

5° Proposer les évolutions nécessaires pour la mise en œuvre opérationnelle de la stratégie nationale.

Il agit en liaison avec le secrétaire général du comité interministériel du handicap.

Il rend compte de ses travaux au Premier ministre et au ministre chargé du handicap. Il en informe les autres ministres concernés.

Article 3 [...]

Un conseil national des troubles du spectre autistique et des troubles du neuro-développement est placé auprès du délégué interministériel, qui en assure la présidence.

Il a une mission d'étude et d'expertise dans le domaine de l'action du délégué interministériel.

Il se réunit sur convocation du délégué interministériel, qui en fixe l'ordre du jour.

Sa composition, qui comprend des représentants d'associations d'usagers et des familles, des professionnels, des représentants de l'État et des collectivités territoriales, des scientifiques et des personnalités qualifiées, est fixée par arrêté du ministre chargé du handicap.

Article 4 [...]

Pour l'exercice de ses missions, le délégué interministériel sollicite, en tant que de besoin, les services des ministères concernés, notamment ceux en charge des solidarités, de la santé, du travail, de l'éducation nationale, du logement, de l'enseignement supérieur et de la recherche, de la justice, de l'agriculture, de la culture, des sports, des outre-mer, du budget, les corps d'inspection, le conseil national consultatif des personnes handicapées, ainsi que les caisses et organismes de sécurité sociale. Il peut bénéficier du concours de moyens de fonctionnement et de personnels mis à disposition par les ministères.

Article 5 [...]

La garde des Sceaux, ministre de la Justice, le ministre de la Cohésion des territoires, la ministre des Solidarités et de la Santé, la ministre de la Culture, la ministre du Travail, le ministre de l'Éducation nationale, le ministre de l'Agriculture et de l'Alimentation, le ministre de l'Action et des Comptes publics, la ministre de l'Enseignement supérieur, de la Recherche et de l'Innovation, la ministre des Outre-mer, la ministre des Sports et la secrétaire d'État chargée des Personnes handicapées sont chargés, chacun en ce qui le concerne, de l'exécution du présent décret, qui sera publié au Journal officiel de la République française.

Fait le 25 avril 2018.

Edouard Philippe

Par le Premier ministre :

La garde des Sceaux, ministre de la Justice, Nicole Belloubet
Le ministre de la Cohésion des territoires, Jacques Mézard
La ministre des Solidarités et de la Santé, Agnès Buzyn
La ministre de la Culture, Françoise Nyssen
La ministre du Travail, Muriel Pénicaud
Le ministre de l'Éducation nationale, Jean-Michel Blanquer
Le ministre de l'Agriculture et de l'Alimentation, Stéphane Travert
Le ministre de l'Action et des Comptes publics, Gérald Darmanin
La ministre de l'Enseignement supérieur, de la Recherche et de l'Innovation, Frédérique Vidal
La ministre des Outre-mer, Annick Girardin
La ministre des Sports, Laura Flessel
La secrétaire d'État chargée des Personnes handicapées, Sophie Cluzel

1. Qu'est-ce qu'un décret ?

....

....

2. Quelle est la date de signature du décret ?

....

3. Quelle est la date de publication du décret au Journal officiel ?

....

4. Quelle est la date d'entrée en vigueur ?

....

5. Par qui est pris ce décret ?

....

6. Quelles sont les personnes responsables de l'application du décret ?

....

....

....

7. Quel est l'objet de ce décret ?

....

....

8. À qui le délégué interministériel à la stratégie nationale pour l'autisme doit-il rendre des comptes ?

....

La jurisprudence

FOCUS

C'est une solution apportée par une juridiction dont l'autorité morale des décisions est telle que les autres juridictions pourront être influencées, suivre le même raisonnement et apporter la même solution.

8. Lisez l'arrêt de la Cour de cassation du 17 juin 2009.

Cour de cassation, chambre civile 1, 17 juin 2009

Sur le moyen unique :
Vu les articles 259 et 259-1 du Code civil ;

Attendu qu'en matière de divorce, la preuve se fait par tous moyens ; que le juge ne peut écarter des débats un élément de preuve que s'il a été obtenu par violence ou fraude ;

Attendu qu'un jugement du 12 janvier 2006 a prononcé à leurs torts partagés le divorce des époux X... - Y..., mariés en 1995 ; que, devant la cour d'appel, Mme Y... a produit, pour démontrer le grief d'adultère reproché à M. X..., des minimessages, dits "SMS", reçus sur le téléphone portable professionnel de son conjoint, dont la teneur était rapportée dans un procès-verbal dressé à sa demande par un huissier de justice ;

Attendu que, pour débouter Mme Y... de sa demande reconventionnelle et prononcer le divorce à ses torts exclusifs, la cour d'appel énonce que les courriers électroniques adressés par le biais de téléphone portable sous la forme de courts messages relèvent de la confidentialité et du secret des correspondances et que la lecture de ces courriers à l'insu de leur destinataire constitue une atteinte grave à l'intimité de la personne ;

Qu'en statuant ainsi, sans constater que les minimessages avaient été obtenus par violence ou fraude, la cour d'appel a violé les textes susvisés ;

PAR CES MOTIFS :

CASSE ET ANNULE, dans toutes ses dispositions, l'arrêt rendu le 20 mars 2007, entre les parties, par la cour d'appel de Lyon ; remet, en conséquence, la cause et les parties dans l'état où elles se trouvaient avant ledit arrêt et, pour être fait droit, les renvoie devant la cour d'appel de Lyon, autrement composée (...).

1. Qu'est-ce qu'un arrêt ?

....

....

2. Par quelle juridiction cet arrêt est-il rendu ?

....

3. Quel est l'objet des articles 259 et 259-1 du Code civil ?

....

....

4. Quelle Cour s'est prononcée avant la Cour de cassation ?

....

5. Les SMS peuvent-ils servir de preuve dans le cas d'un adultère ?

....

....

6. La Cour de cassation confirme-t-elle le jugement de la Cour précédente ?

....

....

La doctrine

FOCUS

C'est l'ensemble des auteurs qui expriment leur pensée juridique (à travers des ouvrages ou des articles) et qui peuvent proposer une solution à un problème juridique non résolu par la loi ou la jurisprudence.

9. Complétez le texte ci-dessous à l'aide des mots suivants.

1. travaux	5. influencer	9. loi	13. demandent
2. corrections	6. s'imposer	10. critiques	14. aiguilleur
3. influence	7. pensée	11. articles	15. source
4. manuels	8. juges	12. consultés	16. législateur

La doctrine peut être définie comme l'ensemble de la .... des auteurs et par extension l'ensemble de ces auteurs. Elle se manifeste par exemple à travers les .... de ses membres tels que les ...., les commentaires d'arrêts, les ...., les interventions lors de conférences, etc. Son rôle n'est pas d'être une .... directe du droit puisqu'elle ne crée pas de droit. L'opinion de ses auteurs ne peut .... ni au .... ni aux .... mais elle est consubstantielle au droit car elle va résonner, faire écho dans le monde juridique. En effet, la doctrine peut avoir une .... sur le droit notamment sur la loi et sur la jurisprudence. Cette influence de la doctrine sur la .... se remarque à travers deux aspects. Premièrement, la doctrine va émettre des .... sur un texte de loi en faisant, par exemple, apparaître ses défauts. Elle peut même être force de proposition avec d'éventuelles ...., voire des propositions d'amendements de cette nouvelle loi, pouvant donc influer sur les travaux du législateur. Deuxièmement, les membres de la doctrine peuvent être .... en amont du vote d'un projet ou d'une proposition de loi. En effet, il arrive que les pouvoirs législatif et exécutif .... expressément à la doctrine de rédiger des projets de réforme. La doctrine peut endosser le rôle d' .... à l'égard des juges et devenir une source d'inspiration, non négligeable pour la jurisprudence, car elle peut .... les juges et donc leur jugement. Sa production est un élément parmi tant d'autres, qui peut conduire le juge à prendre telle ou telle décision selon telle ou telle motivation.

La coutume

FOCUS

Elle tire son caractère obligatoire dans sa répétition et dans son acceptation par les personnes intéressées. Elle n'est pas issue des pouvoirs publics mais de l'usage. Elle peut permettre une adaptation aux réalités sociales car elle résulte de la pratique.

10. Répondez aux affirmations suivantes par VRAI ou FAUX.

	VRAI	FAUX
1. La tradition locale ininterrompue, cause d'irresponsabilité pénale, est une coutume.		
2. L'immunité pénale en faveur des chefs d'États en exercice est une coutume.		
3. Le mariage contracté par deux personnes de sexe différent ou de mêmes sexes est une coutume.		
4. La norme la plus favorable à tous salariés primant sur toute autre règle est une coutume.		
5. « Nul ne peut se prévaloir en justice de sa turpitude personnelle » est une coutume.		
6. « Nul n'est responsable pénalement que de son propre fait » est une coutume.		
7. La mise en place des questions au gouvernement est une coutume.		
8. « Le Chef de l'État n'est pas responsable des actes accomplis en cette qualité » est une coutume.		

FICHE 2

Droit civil : Droit des personnes et de la famille

Qu'est-ce que le Droit civil (Droit des personnes et de la famille) ?
Comme nous le verrons lors du premier exercice, le Droit civil est une branche du droit qui comprend de nombreux composants.

Le choix pédagogique de cet ouvrage s'est porté sur l'étude de deux d'entre eux : le Droit des personnes et le Droit de la famille. Le premier porte sur l'analyse de la personnalité juridique (acquisition, perte, individualisation) et de ses effets (protection de la personne). Le deuxième s'intéresse au couple, à travers l'étude du mariage, du pacte civil de solidarité, du concubinage et du divorce, et à la filiation, à travers celle du lien juridique qui unit un enfant à ses parents (procréation ou adoption).

Pourquoi étudier le Droit civil (Droit des personnes et de la famille) ?
Le Droit civil s'intéresse aux personnes privées (à la différence du droit constitutionnel qui s'attache aux personnes publiques et notamment à l'État) dans leurs relations. Il est au cœur du quotidien des individus.

Le Droit civil : l'approche

FOCUS

Le Droit civil est un droit matriciel dans le sens où il regroupe l'étude de nombreuses et différentes branches du droit telles que le Droit des personnes, le Droit des biens, le Droit de la famille, le Droit des obligations, le Droit des successions et le Droit des régimes matrimoniaux.

1. Qui suis-je ?

Droit des personnes Droit des biens	Droit de la famille Droit des obligations	Droit des successions	Droit des régimes matrimoniaux

1) Branche du droit ayant un double objet, mon étude porte sur le couple et la filiation. Je couvre, dans un premier temps, les différentes réalités juridiques du couple à travers l'étude du mariage, du pacte civil de solidarité, du concubinage et leur éventuelle dissolution (séparation ou divorce). Dans un deuxième temps, je me consacre au lien juridique qui unit un enfant à ses parents, que ce lien soit créé par la procréation ou par l'adoption.

2) Branche du droit ayant pour objet l'analyse de la personnalité juridique à travers, d'une part, l'étude de ses conditions d'acquisition et de perte et, d'autre part, de l'examen de ses moyens d'individualisation comme le nom ou le sexe. Je me consacre également à l'étude de la protection induite par la personnalité juridique matérialisée par l'obtention de certains droits et par celle des règles spécifiques aux personnes vulnérables, telles que le mineur et le majeur protégé.

3) Branche du droit ayant pour objet l'analyse des règles juridiques régissant les choses que l'on peut opposer aux personnes. Je me consacre à l'étude de ces biens classés en différentes catégories telles que meuble ou immeuble ainsi qu'à celle du patrimoine et de la propriété.

4) Branche du droit ayant pour objet l'étude de l'ensemble des règles qui régissent les relations pécuniaires entre époux et avec les tiers. Je peux résulter du mariage et m'appliquer ainsi à tous les couples mariés, mais aussi être plus spécifique, car découlant du choix du mariage opéré par les époux.

5) Branche du droit ayant pour objet l'étude de l'ensemble des règles qui régissent le lien juridique entre deux ou plusieurs personnes et selon lequel l'une de ces personnes, le créancier, peut contraindre une autre personne, le débiteur, à exécuter une prestation. Mon étude s'organise autour de trois axes la théorie des contrats, la théorie de la responsabilité et le régime général des obligations.

6) Branche du droit ayant pour objet l'étude de l'ensemble des règles régissant, d'une part, les rapports qu'entretiennent les héritiers entre eux ou avec les tiers et, d'autre part, les différents mécanismes juridiques par lesquels s'opère le transfert de ces droits du patrimoine de la personne défunte au patrimoine de ses héritiers.

Le Droit des personnes

FOCUS

L'individualisation permet de différencier les personnes au sein du groupe social et de sa famille. Elle peut être le fait du nom (et du prénom) ou du sexe.

L'individualisation : le nom

2. Cochez la bonne réponse :

1. Le choix du nom appartient :

- ❑ A. Aux parents, quand la filiation est établie à leur égard
- ❑ B. Au maire, en l'absence de lien de filiation
- ❑ C. À la mère seulement

2. Monsieur Code et Monsieur Civil ont un fils dont le nom pourra être :

- ❑ A. Code pénal
- ❑ B. Code Civil
- ❑ C. Civil-Code
- ❑ D. Civil
- ❑ E. Code
- ❑ F. Civil Code

3. Les parents peuvent choisir le prénom de leur enfant :

- ❑ A. Par principe, librement
- ❑ B. Seulement en considération des prénoms retenus par le calendrier
- ❑ C. Seulement en considération des personnages illustres de l'Histoire française

4. Madame Poubelle épouse Monsieur Talent :

- ❑ A. Cela lui permet enfin de changer de nom
- ❑ B. Cela lui permet d'user du nom de son époux
- ❑ C. Cela permet à son époux d'user de son nom

5. Le pseudonyme :

❏ A. Est transmissible aux descendants

❏ B. Est utilisable dans la vie civile

❏ C. Peut constituer un élément de la personnalité et être, à ce titre, protégé

6. Monsieur et Madame Sortilège viennent d'avoir un fils, qu'ils veulent prénommer Voldemort :

❏ A. En considération du Principe de liberté de choix du prénom celui-ci sera forcément accepté

❏ B. Ce prénom peut être considéré comme contraire à l'intérêt de leur fils

❏ C. L'officier d'état civil saisira sans doute le Procureur de la République pour s'opposer à ce choix

7. Le nom de famille peut être changé :

❏ A. Non, par principe il est immuable

❏ B. Oui, à condition de prouver un intérêt légitime

❏ C. Oui, par décision du maire

L'individualisation : le sexe

3. Répondez aux questions suivantes par VRAI ou FAUX.

	VRAI	FAUX
1. L'individu appartient juridiquement à l'un ou l'autre sexe par la mention indiquée sur l'acte de naissance.		
2. Le sexe, une fois identifié par l'acte d'état civil, ne peut jamais être changé.		
3. Jacques est devenu Jacqueline après une opération chirurgicale, elle pourra saisir le TGI d'une requête en changement de sexe.		
4. Jacques, après son opération et, une fois qu'a été modifié son sexe à l'état civil, n'est plus considéré comme le père de ses enfants mais comme leur mère.		
5. La mention du sexe sur les actes de l'état civil est réalisée au moment de la déclaration de naissance.		
6. En 2015, pour la première fois, une décision de justice substitue à la mention « sexe masculin » la mention « sexe neutre ».		
7. Lorsqu'un doute existe sur le sexe de l'enfant, on attend qu'il soit majeur pour qu'il décide lui-même de son sexe.		

La protection : le Droit des personnes

FOCUS

La personne détient des droits qui appartiennent à tout être humain du fait de sa condition de personne (personnalité juridique). Ils sont inhérents à la personne humaine. On peut ranger ces droits dans deux catégories : les droits intéressant l'aspect physique de la personne et ceux intéressant son aspect moral.

4. *Lisez les articles du Code civil suivants puis attribuez chacun des articles à l'aspect (ou aux aspects) qui lui correspond(ent).*

A. Article 16
La loi assure la primauté de la personne, interdit toute atteinte à la dignité de celle-ci et garantit le respect de l'être humain dès le commencement de sa vie.

B. Article 16-1 alinéa 2
[...]
Le corps humain est inviolable.
[...]

C. Article 16-1 alinéa 3
[...]
Le corps humain, ses éléments et ses produits ne peuvent faire l'objet d'un droit patrimonial.

D. Article 9
Chacun a droit au respect de sa vie privée.

ASPECT PHYSIQUE DE LA PERSONNE

ASPECT MORAL

5. *Attribuez chacun des principes à l'article du Code civil qui lui correspond.*

A. Principe de la dignité humaine
B. Droit à la vie privée
C. Principe d'indisponibilité du corps humain
D. Principe d'inviolabilité du corps humain
E. Droit à l'image

ARTICLE 9	ARTICLE 16	ARTICLE 16-1 ALINÉA 2	ARTICLE 16-1 ALINÉA 3

Le Droit de la famille

Le mariage

FOCUS

Le mariage est l'union de deux personnes de sexes différents ou de même sexe (depuis la loi du 17 mai 2013). En principe, les époux doivent :

- être âgés de 18 ans ;
- consentir de manière libre et éclairée à cette union ;
- ne pas être déjà mariés ;
- ne pas avoir de lien de parenté ou d'alliance trop proche.

Le mariage, une fois prononcé, va avoir des effets sur les époux, mais aussi sur les tiers. En effet, les époux ont des devoirs conjugaux et un devoir de fidélité. Le mariage a également des effets patrimoniaux (assistance matérielle, coopération des époux...) et matrimoniaux sur les époux.

FOCUS

La nullité du mariage est l'action qui permet d'effacer le mariage, de faire comme s'il n'avait jamais existé. Elle peut être obtenue lorsque celui ou celle que l'on épouse n'est pas celui ou celle que l'on croyait (on dit qu'il y a erreur sur les qualités essentielles de la personne).

6. *Lisez l'arrêt rendu par la Cour de cassation puis reliez chacun des paragraphes à l'élément constitutif qui lui correspond.*

	Élément constitutif
Cour de cassation, chambre civile 1, 13 décembre 2005, n° 02-21259 RÉPUBLIQUE FRANÇAISE AU NOM DU PEUPLE FRANÇAIS LA COUR DE CASSATION, PREMIÈRE CHAMBRE CIVILE, a rendu l'arrêt suivant : Sur le moyen unique, pris en ses deux branches :	
1. Attendu que M. X et Mme Y se sont mariés le 11 décembre 1995 ;	**A.** La requête en justice et son objet : acte introductif d'instance – assignation/requête

2. que Mme Y a engagé une action en _______________ du mariage sur le fondement de l'article 180, alinéa 2, du Code civil en soutenant avoir découvert, le soir de son _______________, que son mari entretenait une liaison avec une femme mariée ;

B. La ou les décisions qui ont été rendues avant que le juge de la Cour de cassation soit saisi en indiquant les raisons qui justifient les décisions rendues : jugements (décisions rendues en première instance/ arrêt de la CA qui peut être confirmatif ou infirmatif et les raisons et motifs)

3. Attendu que Mme Y fait grief à l'arrêt confirmatif attaqué (Paris, du 20 décembre 2001) de l'avoir _______________ de sa demande, alors, selon le _______________ :

C. Les faits qui ont conduit au litige

4. 1/ que l'erreur sur les qualités « substantielles » de la personne ne saurait s'apprécier de façon purement abstraite, sans considération pour les convictions religieuses ou philosophiques qui ont pu déterminer le consentement de l'autre partie, qu'en refusant de prononcer la _______________ du mariage contracté par Mme Y au motif « qu'en l'état actuel des mœurs » la liaison durablement entretenue par M. X avec une femme mariée ne pouvait pas constituer une cause de nullité du mariage, sans rechercher si, au regard des convictions religieuses très ancrées de Mme Y, apparemment partagées par M. X et communes à tout leur environnement social, cette liaison adultérine cachée à Mme Y n'avait pas pu caractériser une erreur déterminante du consentement de celle-ci, la cour d'appel n'a pas légalement justifié sa décision au regard de l'article 180 du Code civil ;

2/ qu'il était soutenu, et de surcroît non _______________, que la liaison que M. X entretenait depuis sept ans avec une femme mariée s'était prolongée au moins jusqu'au _______________ même de son mariage civil avec Mme Y, qu'en se bornant à énoncer que Mme Y « ne prouve pas » que M. X ait eu l'intention de continuer à entretenir cette liaison après son mariage, sans rechercher si le comportement de M. X n'était pas objectivement incompatible avec la fidélité due au lien matrimonial et la loyauté des époux qui constituaient les qualités essentielles sur la foi desquelles Mme Y avait donné son consentement, la cour d'appel a privé sa décision de base légale au regard de l'article 180 du _______________ ;

.../...

D. Le dispositif

.../...

5. Mais .... la cour d'appel, qui s'est livrée à la recherche prétendument omise, a relevé que si M. X reconnaissait avoir entretenu avant son mariage des relations avec une autre femme, il n'était pas démontré qu'il ait eu l'intention de poursuivre cette liaison après son mariage, en dépit des .... malveillantes de cette personne sur la persistance de leur relation jusqu'au jour du mariage ; qu'elle a pu en déduire que le fait pour M. X d'avoir caché à son épouse l'existence de cette relation antérieure ne constituait pas une tromperie sur ses qualités essentielles et a souverainement estimé que les convictions religieuses de Mme Y ne permettaient pas d'établir que celle-ci n'aurait pas contracté mariage si elle avait eu connaissance de cette liaison passée de son mari dans la mesure où les aspirations de M. X à une union durable n'étaient nullement mises à mal par cette circonstance ; qu'elle a ainsi légalement justifié sa décision ;

E. Les arguments du recours devant la Cour de cassation : moyens qui peuvent être subdivisés en branches

PAR CES .... :
6. REJETTE le pourvoi ;

Condamne Mme Y aux dépens ;
Ainsi fait et jugé par la Cour de Cassation, Première chambre civile, et prononcé par le président en son audience publique du treize décembre deux mille cinq.

F. Les raisons de la Cour de cassation à la décision rendue : motivations

7. En vous aidant de la liste ci-dessous, complétez l'arrêt de la Cour de cassation ci-dessus.

1. motifs	4. nullité	7. mariage	10. moyen
2. allégations	5. déboutée	8. matin	11. Code civil
3. contesté	6. attendu que	9. nullité	

Le divorce

8. Lisez les articles du Code civil puis répondez aux questions suivantes.

Article 229
Les époux peuvent consentir mutuellement à leur divorce par acte sous signature privée contresigné par avocats, déposé au rang des minutes d'un notaire.
Le divorce peut être prononcé en cas :
- soit de consentement mutuel, dans le cas prévu au 1° de l'article 229-2 ;
- soit d'acceptation du principe de la rupture du mariage ;
- soit d'altération définitive du lien conjugal ;
- soit de faute.

Le divorce ....

Article 229-1
Lorsque les époux s'entendent sur la rupture du mariage et ses effets, ils constatent, assistés chacun par un avocat, leur accord dans une convention prenant la forme d'un acte sous signature privée contresigné par leurs avocats et établi dans les conditions prévues à l'article 1374.

Article 229-2
Les époux ne peuvent consentir mutuellement à leur divorce par acte sous signature privée contresigné par avocats lorsque :
1° Le mineur, informé par ses parents de son droit à être entendu par le juge dans les conditions prévues à l'article 388-1, demande son audition par le juge ;
2° L'un des époux se trouve placé sous l'un des régimes de protection prévus au chapitre II du titre XI du présent livre.

Le divorce ....

Article 230
Dans le cas prévu au 1° de l'article 229-2, le divorce peut être demandé conjointement par les époux lorsqu'ils s'entendent sur la rupture du mariage et ses effets en soumettant à l'approbation du juge une convention réglant les conséquences du divorce.

Article 232
Le juge homologue la convention et prononce le divorce s'il a acquis la conviction que la volonté de chacun des époux est réelle et que leur consentement est libre et éclairé.
Il peut refuser l'homologation et ne pas prononcer le divorce s'il constate que la convention préserve insuffisamment les intérêts des enfants ou de l'un des époux.

Le divorce ....

Article 233
Le divorce peut être demandé par l'un ou l'autre des époux ou par les deux lorsqu'ils acceptent le principe de la rupture du mariage sans considération des faits à l'origine de celle-ci.

Article 234
S'il a acquis la conviction que chacun des époux a donné librement son accord, le juge prononce le divorce et statue sur ses conséquences.

.../...

Le divorce ....

Article 237
Le divorce peut être demandé par l'un des époux lorsque le lien conjugal est définitivement altéré.

Article 238
L'altération définitive du lien conjugal résulte de la cessation de la communauté de vie entre les époux, lorsqu'ils vivent séparés depuis deux ans lors de l'assignation en divorce.

[...]

Le divorce ....

Article 242
Le divorce peut être demandé par l'un des époux lorsque des faits constitutifs d'une violation grave ou renouvelée des devoirs et obligations du mariage sont imputables à son conjoint et rendent intolérable le maintien de la vie commune.

1. Combien de cas de divorce existe-t-il ?

....

2. Complétez les pointillés avec le nom du type de divorce correspondant à chaque article.

3. Tous les divorces sont-ils prononcés par le juge ?

....

....

....

4. Quelles sont les conditions du divorce par consentement mutuel par acte sous signature privée et contresigné par les avocats et déposé au rang des minutes d'un notaire ?

....

....

5. Dans quel(s) cas ce divorce est-il rendu impossible ?

....

....

6. Quelles sont les conditions du divorce accepté ?

....

....

7. Quelles sont les conditions du divorce pour altération définitive du lien conjugal ?

....

8. Les deux époux doivent-ils être d'accord sur le principe du divorce pour altération définitive du lien conjugal ?

....

9. Quelles sont les conditions du divorce pour faute ?

....

....

10. Quels sont, à votre avis, les devoirs et obligations du mariage ?

....

11. Les deux époux doivent-ils être d'accord pour demander le divorce ?

....

La filiation

9. Lisez les faits suivants puis cochez les bonnes réponses.

1. M. V a eu une relation passionnelle avec Mme Y pendant l'été 2015. Il croise cette dernière à une terrasse, en août 2017, accompagnée d'un petit garçon âgé d'environ un an et demi et qui présente, tout comme lui, une tache de naissance à l'épaule gauche. Afin de savoir s'il est le père de cet enfant :

❏ A. Il lui suffit de se procurer un test de paternité sur internet.

❏ B. Il doit faire une demande au juge qui ordonnera un test de paternité.

2. Arnold, abandonné à sa naissance par ses parents, a été adopté dès l'âge de 8 mois. Il a aujourd'hui 25 ans et projette d'avoir un enfant avec Louise sa compagne. Ce bel évènement fait resurgir en lui des angoisses personnelles dues, notamment, à la peur de transmettre à son futur enfant une maladie génétique.

❏ A. Il ne peut hélas entreprendre aucune démarche, la vie de ses parents biologiques tombant sous le coup du secret.

❏ B. Il peut saisir le Conseil national pour l'accès aux origines personnelles qui, s'il est en mesure de le faire, pourra lui communiquer des renseignements relatifs à la santé de ses parents biologiques.

3. Sylvestre et Emma se sont mariés le 3 juin 2015. Emma va accoucher le mois prochain. Elle est inquiète de tous les préparatifs de la naissance :

❏ A. Elle doit aller reconnaître l'enfant pour être juridiquement sa mère

❏ B. Son nom dans l'acte de naissance établit automatiquement le lien de filiation maternelle.

❏ C. Sylvestre doit montrer juridiquement sa volonté d'être le père de l'enfant en faisant une reconnaissance.

❏ D. Le mariage entre Sylvestre et Emma désigne automatiquement Sylvestre comme père de l'enfant d'Emma.

4. Géraldine et Coralie se sont mariées le 17 juillet 2014. Pour créer leur famille, elles se sont « arrangées » avec un ami. Géraldine va accoucher la semaine prochaine.

❏ A. Le lien de mariage entre Géraldine et Coralie établit le lien de filiation directement à l'égard de l'enfant.

❏ B. Pour qu'un lien de filiation existe ici, Coralie devra adopter l'enfant de Géraldine, car la présomption de paternité ne joue que dans le couple marital constitué de personnes de sexe différent.

5. Après s'être quitté l'été dernier, Samuel et Lena sont restés en contact, bien que n'étant pas dans le même lycée. Ils étaient ensemble depuis la seconde. À 17 ans, Samuel entre aujourd'hui en terminale. Lena l'a appelé hier pour lui annoncer la naissance de leur fille. Elle a choisi de la prénommer Jeanne. Samuel est allé reconnaître l'enfant.

❏ A. L'officier d'état civil pouvait refuser de prendre la reconnaissance de Samuel car, étant mineur, celui-ci devait être accompagné de ses parents.

❏ B. Samuel pouvait valablement reconnaître l'enfant malgré sa minorité, il est juridiquement le père de Jeanne.

6. Gédéon est seul avec sa mère. Il est âgé de 7 ans et n'a pas de filiation paternelle. Sa mère, Adèle, a rencontré il y a deux ans Milo, avec qui l'enfant s'entend très bien. Milo habite avec eux depuis 6 mois. Gédéon voudrait que Milo soit officiellement son père.

❏ A. Milo peut reconnaître Gédéon, qui n'a pas de filiation paternelle.

❏ B. Milo peut établir un lien de filiation en usant de sa possession d'état de parent consignée, dans un acte de notoriété demandé auprès du tribunal d'instance.

7. La vie affective d'Isabelle a souvent été compliquée. Il y a deux ans elle est devenue la mère de Charlotte. À l'époque, Isabelle avait entretenu une relation avec Axel et une autre avec Ulysse. Elle est sûre que Charlotte est la fille d'Ulysse du fait de sa ressemblance. Charlotte est née le 26 juin 2014. Axel l'a reconnue le 1er juillet 2014 et Ulysse le 3 juillet 2014.

❏ A. Le père juridique est Ulysse, comme Isabelle le pense.

❏ B. Le père juridique est Axel, car il a été le premier à reconnaître Charlotte.

FICHE 3

Droit des institutions juridictionnelles

Qu'est-ce que le Droit des institutions juridictionnelles ?
Le Droit des institutions juridictionnelles est constitué de l'ensemble des règles relatives à l'organisation et au fonctionnement des juridictions nationales et supranationales auxquelles peut être confronté le justiciable français lorsqu'il est partie à un litige en vue de sa résolution. En effet, selon le principe que nul ne peut se faire justice soi-même, la résolution de conflits survenant entre les individus d'une société suppose la mise en place de juridictions, qui, en disant le droit (*juris dictio*), imposent aux parties des solutions juridiques y mettant fin.

Pourquoi étudier le Droit des institutions juridictionnelles ?
Notre société a développé un ensemble de juridictions complexe, offrant ainsi à ses membres la possibilité d'obtenir la résolution de leurs litiges et au-delà la garantie de leurs droits, à condition d'emprunter les voies de droit adaptées. La connaissance de ce système est alors indispensable à celui qui entame une licence en droit, notamment en ce qu'elle permet d'assurer au droit et à la justice une véritable effectivité.

L'organisation juridictionnelle française

1. Répondez aux questions suivantes en cochant la bonne réponse.

1. La France, depuis la Révolution, repose sur le principe de la séparation des pouvoirs :
- ❑ A. Le pouvoir législatif, le pouvoir exécutif et le pouvoir judiciaire
- ❑ B. Le pouvoir d'exécution et le pouvoir de sanction
- ❑ C. Faux, les pouvoirs ne sont pas séparés

2. Quel est le rôle du pouvoir judiciaire ?
- ❑ A. Dire ce qui est juste
- ❑ B. Veiller à l'application des lois et garantir les droits de chacun
- ❑ C. Contrôler le pouvoir législatif

3. La Justice est rendue au nom :
- ❑ A. Du peuple français
- ❑ B. De la Nation
- ❑ C. Du président de la République

4. L'organisation juridictionnelle française se compose de :
- ❑ A. Deux ordres
- ❑ B. Trois ordres
- ❑ C. Quatre ordres

5. La division en ordres distincts est héritée :

- ❑ A. De la loi des 16 et 24 août 1790 et du décret du 16 fructidor an III
- ❑ B. De la loi des 16 et 24 août 1790 et du décret du 30 pluviôse an VIII
- ❑ C. Du Préambule de la Constitution de 1946

6. Quel est le rôle de chacun de ces ordres ?

- ❑ A. Les juridictions de l'ordre judiciaire jugent les affaires opposant les administrations aux administrés ou les personnes publiques entre elles. Les juridictions de l'ordre administratif tranchent les litiges entre personnes privées ou les infractions à la loi pénale
- ❑ B. Les juridictions de l'ordre judiciaire tranchent les conflits entre personnes privées ou les infractions à la loi pénale. Les juridictions de l'ordre administratif jugent les affaires opposant les administrations aux administrés ou les personnes publiques entre elles
- ❑ C. Les juridictions judiciaire et administrative tranchent les mêmes litiges en fonction du bon vouloir des parties

7. Chacun de ces ordres s'organise autour d'un principe :

- ❑ A. En deux temps : la première instance et la deuxième instance (appel)
- ❑ B. En trois temps : la première instance, la deuxième instance (appel) et la cassation par les Hautes juridictions
- ❑ C. En quatre temps : la première instance, la deuxième instance (appel), la cassation par les Hautes juridictions et le renvoi devant les juridictions européennes

8. La Cour d'assises :

- ❑ A. Est compétente pour tous les crimes de droit commun par les majeurs
- ❑ B. Est présente dans chaque commune
- ❑ C. Est composée de magistrats et d'un jury citoyen
- ❑ D. C'est lors de ses réquisitions que l'avocat général propose la sanction qui lui paraît la plus adaptée

9. La Cour d'assises spéciale :

- ❑ A. Est composée uniquement de magistrats
- ❑ B. intervient pour les affaires les plus graves (terrorisme et trafic de stupéfiants en bande organisée)
- ❑ C. L'appel d'un de ses arrêts est impossible
- ❑ D. Siège à Marseille

L'ordre judiciaire

Le premier degré de juridiction

FOCUS

Au sein de l'ordre judiciaire et afin de juger une affaire pour la première fois, coexistent les juridictions civiles, les juridictions spécialisées (Conseil de prud'hommes, Tribunal de commerce, Tribunal des affaires de sécurité sociale et Tribunal paritaire des baux ruraux) et les juridictions pénales (Cour d'assises, Tribunal correctionnel et Tribunal de police).
Le choix de ces tribunaux ne se fait pas par hasard mais dépend de l'objet et/ou du montant du litige.

2. Associez chaque tribunal à sa caractéristique.

Juridiction civile	Caractéristiques
1. Tribunal de commerce	**A.** Juge des délits commis par des personnes majeures
2. Tribunal correctionnel	**B.** Tranche les litiges entre les salariés et leur employeur
3. Cour d'assises	**C.** Tranche les litiges entre les assurés sociaux et les caisses de sécurité sociale
4. Juridiction civile	**D.** Tranche des litiges de plus de 10 000 euros et litiges de divorce, autorité parentale, succession, filiation, immobilier, état civil
5. Tribunal de police	**E.** Juge les contraventions de cinquième classe
6. Tribunal paritaire des baux ruraux	**F.** Tranche les litiges entre commerçants ou entre commerçants et sociétés commerciales et ceux qui portent sur les actes de commerce
7. Conseil de prud'hommes	**G.** Tranche les litiges entre un propriétaire et l'exploitant de terres ou de bâtiments agricoles
8. Tribunal des affaires de sécurité sociale	**H.** Juge les crimes de droit commun commis par les majeurs

Le deuxième degré de juridiction (l'appel)

FOCUS

Lorsqu'une des deux parties n'est pas satisfaite du jugement rendu en premier instance, elle a la possibilité de faire appel dudit jugement auprès de la cour d'appel qui va réexaminer l'affaire.

3. Cochez les bonnes réponses.

1. Les cours d'appel réexaminent les affaires en première instance :
- ❑ A. En matière civile, commerciale, sociale ou pénale
- ❑ B. En matière civile, commerciale et sociale

2. Les appels des décisions de la cour d'assises sont jugés :
- ❑ A. Par la cour d'appel
- ❑ B. Par une autre cour d'assises

3. On compte en France :
- ❑ A. 37 cours d'appel
- ❑ B. 35 cours d'appel

4. Les cours d'appel sont organisées en chambres spécialisées :
- ❑ A. Sociale, commerciale, civile et correctionnelle
- ❑ B. Sociale, commerciale et civile

5. Les cours d'appel sont composées de magistrats professionnels appelés :
- ❏ A. Conseillés
- ❏ B. Arbitres

6. Les cours d'appel jugent :
- ❏ A. Sur les faits et le droit
- ❏ B. Sur les faits ou le droit

7. les audiences se déroulent :
- ❏ A. En public
- ❏ B. À huis clos

8. Les audiences sont :
- ❏ A. Soit ordinaires, soit solennelles
- ❏ B. Soit extraordinaires, soit magistrales

9. Les cours d'appel sont dirigées par :
- ❏ A. Un « chef d'appel »
- ❏ B. Un « chef de cour »

La Haute juridiction : la Cour de cassation

FOCUS

La Cour de cassation est la juridiction suprême de l'ordre judiciaire. Elle a pour mission principale de garantir une interprétation uniforme de la loi en contrôlant l'exacte application du droit par les tribunaux et les cours d'appel.

4. Répondez aux affirmations suivantes par VRAI ou FAUX.

	VRAI	FAUX
1. L'article L. 411-1 du Code de l'organisation judiciaire dispose : « Il y a pour toute la République une Cour de cassation ».		
2. La Cour de cassation est la plus haute juridiction de l'ordre judiciaire.		
3. Le rôle de la Cour de cassation est d'unifier la jurisprudence.		
4. L'acte par lequel la Cour de cassation est saisie est un pourvoi.		
5. La Cour de cassation réexamine les faits.		
6. La Cour de cassation veille à la bonne application de la loi par la décision de justice attaquée.		
7. La Cour de cassation juge la décision des juridictions inférieures.		
8. Lorsqu'elle casse un arrêt, la Cour de cassation résout le litige.		
9. La Cour de cassation peut également rendre des avis.		
10. La Cour de cassation ne peut effectuer aucun revirement de jurisprudence.		
11. La Cour de cassation compte des magistrats du Siège et des magistrats du Parquet.		
12. Tout avocat peut assurer la représentation et la défense des plaideurs devant la Cour de cassation.		

Les juridictions pour mineurs

5. Qui suis-je ?

La Cour d'assises des mineurs	Le juge des enfants	Le Tribunal pour enfants

1) Je suis composé du juge des enfants, de deux assesseurs non professionnels et d'un greffier. Le ministère public est représenté en mon sein par un magistrat du parquet spécialisé dans les affaires des mineurs. Ma mission est double. Premièrement, je juge les auteurs de contraventions de cinquième classe, de délits et de crimes, mineurs au moment des faits ; mes décisions peuvent alors consister en une sanction éducative ou à une peine d'intérêt général mais je peux aussi prononcer une peine d'emprisonnement lorsque le mineur a plus de 13 ans. Deuxièmement, je suis chargé de la protection des enfants et peux, dans ce cadre, ordonner un placement dans une famille d'accueil et organiser les visites auprès des parents.

2) Je suis composée de trois magistrats professionnels dont deux juges des enfants, d'un jury populaire et du greffier de la Cour d'assises. Le ministère public est représenté en mon sein par le procureur général ou par un magistrat du ministère public spécialement chargé des affaires des mineurs. Je suis chargée de juger les crimes commis par des mineurs âgés de 16 à 18 ans au moment des faits. Les peines que je peux prononcer sont diverses, comme les mesures de protection, d'assistance, de surveillance et d'éducation. Je peux aussi prononcer une peine privative de liberté à condition qu'elle ne soit pas supérieure à la moitié de la peine encourue par un majeur.

3) Je suis un magistrat devant remplir, à l'égard des enfants, une double fonction, celle de protection et celle de jugement. Premièrement, je dois protéger les mineurs en danger et intervenir si leur santé, leur sécurité ou leur moralité est menacée ou encore lorsque les conditions de leur éducation semblent compromises. Je peux alors prononcer des mesures éducatives, telles que le placement provisoire en famille d'accueil ou le suivi par un éducateur spécialisé. Deuxièmement, en matière pénale, j'instruis et je juge les mineurs ayant commis un délit et siège, alors, au sein du tribunal pour enfants.

L'ordre administratif

FOCUS

Tout comme l'ordre judiciaire, l'organisation de l'ordre administratif répond au principe des degrés de juridiction. Il en existe 3 : la première instance, avec les tribunaux administratifs, l'appel, avec les cours administratives d'appel et la haute juridiction, incarnée par le Conseil d'État.

6. Qui suis-je ?

Le Conseil d'État	Les tribunaux administratifs	Les Cours administratives d'appel

1) Nous avons été créées en 1987 pour désengorger le Conseil d'État, nous sommes au nombre de 8 et sommes situées à Bordeaux, Douai, Lyon, Marseille, Nancy, Nantes, Paris et Versailles. Nous sommes dirigées par un président, conseiller d'État nommé par décret, et fonctionnons avec plusieurs magistrats administratifs. Nous sommes composées de chambres, dont le nombre, fixé par le vice-président du Conseil d'État, varie de 4 à 10 selon notre taille. À l'intérieur de celles-ci, le principe de la collégialité règne, sauf exceptions justifiées par l'urgence telles que les référés. Nous sommes devenues les juges d'appel de droit commun des jugements des tribunaux administratifs, à l'exception de certains contentieux comme celui des élections municipales, qui relèvent du Conseil d'État en appel.

2) J'ai été institué par l'article 52 de la Constitution du 22 frimaire an VIII (13 décembre 1799). Je siège au Palais royal et suis composé d'un vice-président, d'un secrétaire général et de magistrats administratifs. Ma présidence est accordée au Premier ministre ou au garde des Sceaux. Je suis organisé autour de deux formations : la section du contentieux qui assure la fonction de juge des actes des administrations et les cinq sections consultatives, ainsi que la section du rapport et des études qui rendent des avis au gouvernement sur des projets de textes (lois, décrets, etc.) et effectuent des études juridiques. Ces formations me permettent d'exercer ma double compétence, celle de conseiller le gouvernement, en rendant des avis, et celle de juger l'Administration, en premier et dernier ressort, en appel et en cassation. Je suis la juridiction suprême de l'ordre administratif.

3) Nous avons été créées en 1953 afin de succéder aux anciens conseils de préfecture mis en place sous l'An III par Napoléon Bonaparte, nous sommes aujourd'hui 31 sur le continent et 11 en outre-mer. Nous sommes dirigées par un président et le nombre de nos magistrats est variable en fonction de notre importance. Nous sommes composées de chambres dont le nombre est décidé par notre président et qui statuent toutes collégialement (3 magistrats par chambre), sauf dans certaines procédures d'urgence comme les référés, où les magistrats peuvent statuer seul. Nous avons des compétences consultatives auprès du préfet et des compétences contentieuses, puisque nous sommes les juridictions administratives de droit commun. Nous jugeons, en première instance, toutes les contestations dirigées contre les actes et décisions de l'administration, à l'exception des affaires attribuées spécialement par la loi à d'autres juridictions administratives, comme le Conseil d'État.

7. Reliez chacun des débuts de phrase à sa fin.

1. Le Conseil d'État fut institué par...

2. Le Conseil d'État siège...

3. Le Conseil d'État a pour mission...

4. Le Conseil d'État est qualifié...

5. Le Conseil d'État doit être saisi...

6. Le Conseil d'État peut être saisi...

7. La présidence du Conseil d'État est confiée...

8. Le Conseil d'État est compétent...

9. Les décisions du Conseil d'État ne sont en principe...

10. Le Conseil d'État statue...

A. ... au Vice-président.

B. ... de conseiller le gouvernement et de juger l'activité des administrations.

C. ... sur environ 10 000 requêtes chaque année.

D. ... d'une proposition de loi d'origine Parlementaire.

E. ...au Palais royal.

F. ... l'article 52 de la Constitution du 22 frimaire an VIII (13 décembre 1799).

G. ... de juridiction suprême de l'ordre administratif.

H. ... de tous les projets de loi d'origine gouvernementale.

I. ... en matière d'élections municipales.

J. ... susceptibles d'aucun recours.

Le Tribunal des conflits

FOCUS

Le Tribunal des conflits est une juridiction paritaire composée de membres du Conseil d'État et de membres de la Cour de cassation. Sa mission est double : il doit, d'une part, résoudre les conflits de compétence entre les juridictions de l'ordre judiciaire et les juridictions de l'ordre administratif et, d'autre part, prévenir tout déni de justice, dans le cas de contrariété de décisions rendues dans la même affaire, par une juridiction de l'ordre judiciaire et par une juridiction de l'ordre administratif.

8. Complétez le texte suivant présentant le Tribunal des conflits en vous aidant des mots ci-contre.

1. compétentes
2. Second
3. incompétentes
4. Conseil d'État
5. préjudice
6. séparation
7. trancher
8. judiciaire
9. excessive
10. arbitre
11. paritaire
12. compétence
13. déni
14. conflits
15. contrariété
16. administratif
17. Cour de cassation
18. positif
19. négatif
20. République
21. même
22. Royal

Le Tribunal des _______________ est mis en place sous la IIe République puis supprimé sous le _______________ Empire pour renaître sous la troisième _______________ avec la loi du 24 mai 1872. Siégeant au Palais _______________, il a pour mission principale de veiller au respect de la _______________ des deux ordres juridictionnels (_______________ et _______________). En tant qu' _______________, sa composition est _______________ et comprend des magistrats de l'ordre administratif et des magistrats de l'ordre judiciaire. Dans sa formation ordinaire, le tribunal comprend 4 conseillers d'État, 4 magistrats du siège et 2 suppléants, l'un élu par l'assemblée générale du Conseil d'État et l'autre par celle de la Cour de cassation.

Il a pour mission de résoudre les conflits de _______________ entre les juridictions de l'ordre judiciaire et les juridictions de l'ordre administratif et ainsi prévenir le risque d'un _______________ de justice dans le cas d'une _______________ de décisions rendues dans le même litige par le _______________ et la _______________. À ce titre, 3 types de conflits sont de sa compétence. Premièrement le conflit _______________ lorsque deux juridictions appartenant aux deux ordres s'estiment _______________ sur la même affaire. Deuxièmement, le conflit _______________ lorsque deux juridictions appartenant aux deux ordres s'estiment _______________ pour juger un litige. Troisièmement, le conflit de décisions lorsque les deux juridictions appartenant aux deux ordres se sont estimées compétentes sur des affaires portant sur le _______________ objet, qu'elles se sont prononcées et que leur solution diverge. Dans ces trois cas, il appartient au tribunal des conflits de _______________ et de statuer sur la compétence soit de la juridiction administrative soit de la juridiction judiciaire.

Il peut également intervenir en cas de durée _______________ des procédures, c'est-à-dire qu'il peut être porté devant lui une action en indemnisation pour réparation du _______________ dû à cette durée excessive devant les juridictions de l'ordre administratif et judiciaire.

FICHE 4

Histoire constitutionnelle française

Qu'est-ce que l'Histoire constitutionnelle française ?

L'Histoire constitutionnelle française est l'histoire des constitutions et régimes politiques que la France a connus depuis la Révolution française. Cette matière retrace l'histoire des institutions publiques et leurs évolutions.

Pourquoi étudier l'Histoire constitutionnelle française ?

L'étude de l'histoire constitutionnelle française est indispensable pour saisir les fondements de notre droit public moderne. Cette approche historique permet de cerner les enjeux et la portée des agencements institutionnels des différents régimes qu'a connus la France de 1789 à 1958. À la lumière du contexte social, des contestations idéologiques et des forces politiques, l'histoire constitutionnelle permet de saisir les institutions, leur fonctionnement et leur influence sur le jeu de la vie politique.

FOCUS

La France est dotée d'une histoire constitutionnelle remarquable. Depuis la Révolution de 1789, elle a connu plusieurs constitutions, instaurant à chaque fois un nouveau régime.

À la découverte des régimes

1. Classer les différents régimes dans l'ordre chronologique.

...	...	...	...	...	...	...	...	...	...	...	...	...	...

A. La Monarchie de Juillet
B. La Convention
C. La IVe République
D. Le Consulat
E. La IIIe République
F. Le Premier Empire
G. La IIe République
H. La Constituante
I. Le Second Empire
J. Le régime de Vichy
K. La Législative
L. Le Directoire
M. La Restauration
N. Le gouvernement provisoire de la République française

La Déclaration des droits de l'Homme et du Citoyen de 1789

FOCUS

L'étude de la Déclaration des droits de l'Homme et du Citoyen dépasse le cadre historique, puisqu'elle est considérée comme un pilier de notre Ve République. Ce texte, empreint de la philosophie des « Lumières », proclame les droits et libertés dont doit disposer tout être humain dès sa naissance, consacrant ainsi solennellement la disparition des inégalités de l'Ancien régime.

2. Lisez la Déclaration des droits de l'Homme et du Citoyen puis attribuez chacun des articles suivants au thème qui lui correspond.

Art. 1er. Les hommes naissent et demeurent libres et égaux en droits. Les distinctions sociales ne peuvent être fondées que sur l'utilité commune.

Art. 2. Le but de toute association politique est la conservation des droits naturels et imprescriptibles de l'Homme. Ces droits sont la liberté, la propriété, la sûreté, et la résistance à l'oppression.

Art. 3. Le principe de toute Souveraineté réside essentiellement dans la Nation. Nul corps, nul individu ne peut exercer d'autorité qui n'en émane expressément.

Art. 4. La liberté consiste à pouvoir faire tout ce qui ne nuit pas à autrui : ainsi, l'exercice des droits naturels de chaque homme n'a de bornes que celles qui assurent aux autres Membres de la Société la jouissance de ces mêmes droits. Ces bornes ne peuvent être déterminées que par la Loi.

Art. 5. La Loi n'a le droit de défendre que les actions nuisibles à la Société. Tout ce qui n'est pas défendu par la Loi ne peut être empêché, et nul ne peut être contraint à faire ce qu'elle n'ordonne pas.

Art. 6. La Loi est l'expression de la volonté générale. Tous les Citoyens ont droit de concourir personnellement, ou par leurs Représentants, à sa formation. Elle doit être la même pour tous, soit qu'elle protège, soit qu'elle punisse. Tous les Citoyens étant égaux à ses yeux sont également admissibles à toutes dignités, places et emplois publics, selon leur capacité, et sans autre distinction que celle de leurs vertus et de leurs talents.

Art. 7. Nul homme ne peut être accusé, arrêté ni détenu que dans les cas déterminés par la Loi, et selon les formes qu'elle a prescrites. Ceux qui sollicitent, expédient, exécutent ou font exécuter des ordres arbitraires, doivent être punis ; mais tout citoyen appelé ou saisi en vertu de la Loi doit obéir à l'instant : il se rend coupable par la résistance.

Art. 8. La Loi ne doit établir que des peines strictement et évidemment nécessaires, et nul ne peut être puni qu'en vertu d'une Loi établie et promulguée antérieurement au délit, et légalement appliquée.

Art. 9. Tout homme étant présumé innocent jusqu'à ce qu'il ait été déclaré coupable, s'il est jugé indispensable de l'arrêter, toute rigueur qui ne serait pas nécessaire pour s'assurer de sa personne doit être sévèrement réprimée par la loi.

Art. 10. Nul ne doit être inquiété pour ses opinions, même religieuses, pourvu que leur manifestation ne trouble pas l'ordre public établi par la Loi.

Art. 11. La libre communication des pensées et des opinions est un des droits les plus précieux de l'Homme : tout Citoyen peut donc parler, écrire, imprimer librement, sauf à répondre de l'abus de cette liberté dans les cas déterminés par la Loi.

Art. 12. La garantie des droits de l'Homme et du Citoyen nécessite une force publique : cette force est donc instituée pour l'avantage de tous, et non pour l'utilité particulière de ceux auxquels elle est confiée.

Art. 13. Pour l'entretien de la force publique, et pour les dépenses d'administration, une contribution commune est indispensable : elle doit être également répartie entre tous les citoyens, en raison de leurs facultés.

Art. 14. Tous les Citoyens ont le droit de constater, par eux-mêmes ou par leurs représentants, la nécessité de la contribution publique, de la consentir librement, d'en suivre l'emploi, et d'en déterminer la quotité, l'assiette, le recouvrement et la durée.

Art. 15. La Société a le droit de demander compte à tout Agent public de son administration.

Art. 16. Toute Société dans laquelle la garantie des Droits n'est pas assurée, ni la séparation des Pouvoirs déterminée, n'a point de Constitution.

Art. 17. La propriété étant un droit inviolable et sacré, nul ne peut en être privé, si ce n'est lorsque la nécessité publique, légalement constatée, l'exige évidemment, et sous la condition d'une juste et préalable indemnité.

L'ÉGALITÉ

LA LIBERTÉ

LES BASES CONSTITUTIONNELLES DU RÉGIME

Le Premier Empire : 1804-1814

3. Cochez la bonne réponse.

1. L'Empire est fondé par :
- ❑ A. Le senatus-consulte du 18 mai 1804
- ❑ B. Le Code civil de 1804
- ❑ C. Le coup d'État des 17 et 18 brumaire An VIII

2. Le gouvernement de la République est confié à :
- ❑ A. Un Roi
- ❑ B. Un Empereur
- ❑ C. Un Président

3. La dignité impériale est :
- ❑ A. Héréditaire
- ❑ B. À l'exclusion des femmes
- ❑ C. Non prévue par la Constitution de l'An VIII

4. Le droit pénal est codifié en :
- ❑ A. 1810
- ❑ B. 1804
- ❑ C. 1807

5. Le Premier Empire rétablit :
- ❑ A. Le Conseil économique et social
- ❑ B. Le Conseil des 500
- ❑ C. Le Conseil d'État

6. Les Préfets :
- ❑ A. Dirigent les départements
- ❑ B. Sont indépendants de l'Empereur et irresponsables
- ❑ C. Cette fonction n'existe pas sous le Premier Empire

7. Le président du Sénat est :
- ❑ A. Élu par les membres du Sénat
- ❑ B. Élu par les Grand électeurs
- ❑ C. Nommé par l'Empereur

8. La Justice se rend au nom :
- ❑ A. Du Peuple français
- ❑ B. De l'Empereur
- ❑ C. De la Nation française

9. Quelle juridiction juge les délits des hauts dignitaires et les crimes contre l'Empire ?
- ❑ A. La Haute Cour impériale
- ❑ B. La Cour de cassation
- ❑ C. Le Conseil d'État

Les retours à la Monarchie : 1815-1848

4. *Remplissez en indiquant à quel(s) régime(s) correspond chacune des affirmations.*

	Restauration	Monarchie de Juillet
1. La période de 1815 à 1830		
2. La période de 1830 à 1848		
3. La charte du 4 juin 1814		
4. La charte du 14 août 1830		
5. Le Roi est « Roi des Français »		
6. Le Roi est « Roi de France et de Navarre »		
7. Louis XVIII		
8. Charles X		
9. Louis-Philippe Ier		
10. Le roi est un véritable co-législateur		
11. Le Roi a un droit de veto réduit sur la loi		
12. Pour obtenir la qualité d'électeur, il faut avoir au minimum 25 ans et pouvoir payer un impôt de 200 francs. C'est un suffrage restreint basé sur l'argent		
13. Pour obtenir la qualité d'électeur, il faut avoir au minimum 30 ans et pouvoir payer un impôt de 300 francs. C'est un suffrage restreint basé sur l'argent.		
14. Le Parlement est bicaméral : la Chambre des pairs et la Chambre des députés		
15. Dissolution de la garde nationale de Paris, créée sous la Révolution		
16. Partielle reconstitution de la garde nationale de Paris		

Le Second Empire : 1852-1870

5. Complétez cet extrait de la proclamation du 14 janvier 1852 de Louis Napoléon, président de la République, au Peuple Français, en vous aidant des mots suivants.

1. Haute Cour de Justice
2. lois
3. ministres
4. élu
5. Corps législatif
6. peuple
7. Conseil du gouvernement
8. impôt
9. assemblées
10. réprimera
11. fortune
12. chef de l'État
13. confiance

FRANÇAIS !
[...]

Ma conviction était formée depuis longtemps, et c'est pour cela que j'ai soumis à votre jugement les bases principales d'une constitution empruntée à celle de l'an VIII. Approuvées par vous, elles vont devenir le fondement de notre Constitution politique.
Examinons quel en est l'esprit :
[...]
La Constitution actuelle proclame, au contraire, que le chef que vous avez .... est devant vous ; qu'il a toujours le droit de faire appel à votre jugement souverain, afin que, dans les circonstances solennelles, vous puissiez lui continuer ou lui retirer votre confiance.
Étant responsable, il faut que son action soit libre et sans entraves. De là l'obligation d'avoir des .... qui soient les auxiliaires honorés et puissants de sa pensée, mais qui ne forment plus un Conseil responsable, composé de membres solidaires, obstacle journalier à l'impulsion particulière du chef de l'État, expression d'une politique émanée des Chambres, et par là même exposée à des changements fréquents, qui empêchent tout esprit de suite, toute application d'un système régulier.
Néanmoins, plus un homme est haut placé, plus il est indépendant, plus la .... que le Peuple a mise en lui est grande, plus il a besoin de conseils éclairés, consciencieux. De là la création d'un ...., désormais véritable ...., premier rouage de notre organisation nouvelle, réunion d'hommes pratiques élaborant les .... dans des commissions spéciales, les discutant à huis clos, sans ostentation oratoire, en assemblée générale, et les présentant ensuite à l'acceptation du ....
Ainsi le pouvoir est libre dans ses mouvements, éclairé dans sa marche.
Quel sera maintenant le contrôle exercé par les .... ?
Une Chambre, qui prend le titre de ...., vote les .... et l'................ Elle est élue par le suffrage universel, sans scrutin de liste. [...]
Le Corps législatif discute librement la loi, l'adopte ou la repousse ; mais il n'y introduit pas à l'improviste de ces amendements qui dérangent souvent toute l'économie d'un système et l'ensemble du projet primitif. [...]

14. Conseil d'État
15. projets de loi
16. sûreté publique
17. talent
18. Corps législatif
19. ratification
20. Sénat
21. propose
22. modifier
23. volonté
24. fondamental

Une autre Assemblée prend le nom de .... Elle sera composée des éléments qui, dans tout pays, créent les influences légitimes : le nom illustre, la ...., le .... et les services rendus.
[...] Il est le dépositaire du pacte fondamental et des libertés compatibles avec la Constitution ; et c'est uniquement sous le rapport des grands principes sur lesquels repose notre société, qu'il examine toutes les lois et qu'il en .... de nouvelles au pouvoir exécutif. Il intervient, soit pour résoudre toute difficulté grave qui pourrait s'élever pendant l'absence du Corps législatif, soit pour expliquer le texte de la Constitution et assurer ce qui est nécessaire à sa marche. Il a le droit d'annuler tout acte arbitraire et illégal, et, jouissant ainsi de cette considération qui s'attache à un corps exclusivement occupé de l'examen de grands intérêts ou de l'application de grands principes, il remplit dans l'État le rôle indépendant, salutaire, conservateur, des anciens Parlements. [...]
Une ...., choisie dans la haute magistrature, ayant pour jurés des membres des conseils généraux de toute la France, ... seule les attentats contre le .... et la ....
L'Empereur disait au Conseil d'État : « Une Constitution est l'œuvre du temps ; on ne saurait laisser une trop large voie aux améliorations. « Aussi la Constitution présente n'a-t-elle fixé que ce qu'il était impossible de laisser incertain. Elle n'a pas enfermé dans un cercle infranchissable les destinées d'un grand peuple, elle a laissé aux changements une assez large voie pour qu'il y ait, dans les grandes crises, d'autres moyens de salut que l'expédient désastreux des révolutions.
Le Sénat peut, de concert avec le gouvernement, ... tout ce qui n'est pas fondamental dans la Constitution ; mais quant aux modifications à apporter aux bases premières, sanctionnées par vos suffrages, elles ne peuvent devenir définitives qu'après avoir reçu votre ....
Ainsi, le .... reste toujours maître de sa destinée. Rien de .... ne se fait en dehors de sa ....
[...]

La IIIe République : 1870-1940

FOCUS

La IIIe République est remarquable à plusieurs égards mais nous retiendrons sa protection et sa qualité législative en matière de droits et libertés. En effet, certaines lois votées sous ce régime et inspirées par l'idéal républicain sont toujours en vigueur et/ou tiennent encore lieu de références aux hommes politiques.

6. Reliez chaque loi au droit ou à la liberté qu'elle consacre.

1. La loi du 30 juin 1881
2. La loi du 29 juillet 1881
3. Loi du 29 juillet 1881
4. La loi du 21 mars 1884
5. La loi du 1er juillet 1901
6. La loi du 16 juin 1881
7. La loi du 28 mars 1882
8. La loi du 9 décembre 1905
9. La loi du 27 juillet 1884
10. La loi du 2 novembre 1892
11. La loi du 9 avril 1898
12. La loi du 14 juillet 1913
13. La loi du 29 avril 1919
14. La loi du 13 juillet 1928
15. La loi du 20 juin 1936
16. Les lois du 15 juillet 1914 et du 31 juillet 1917

A. Liberté de la presse
B. Gratuité de l'enseignement primaire public
C. Constructions d'habitations à bon marché
D. Assistance aux familles nombreuses
E. Responsabilité des employeurs en cas d'accidents du travail
F. Liberté d'expression
G. Rétablissement du divorce
H. Liberté d'association
I. Instauration pour tous les salariés de la journée de 8 heures
J. École obligatoire pour les enfants âgés de 6 à 13 ans
K. Liberté syndicale
L. Congés payés
M. Impôt général sur le revenu
N. Liberté de réunion
O. Interdiction du travail des enfants avant 13 ans
P. Séparation des Églises et de l'État

La IVe République : 1946-1958

7. Répondez aux questions suivantes.

1. Quel texte réaffirme l'attachement du peuple français aux droits et libertés de l'Homme et du Citoyen consacrés par la Déclaration des droits de 1789 et les principes fondamentaux reconnus par les lois de la République ?

....

2. Quelle est la date de la Constitution instaurant la IVe République ?

....

3. Le Parlement est bicaméral. Quelles sont ses deux chambres ?

....

4. C'est un bicaméralisme inégalitaire. À qui profite-t-il ?

....

5. Quelle est la composition de l'Exécutif ?

....

6. Quelle est la durée du mandat du président de la République ?

....

7. Par qui est élu le président de la République ?

....

8. À quelle institution le président de la République doit-il soumettre son choix en qualité de président du Conseil des ministres ?

....

9. Quelle est la fonction du président du Conseil des ministres ?

....

10. Qui fut le dernier président du Conseil de la IVe République ?

....

11. La IVe République est marquée par une instabilité Parlementaire. Combien de gouvernements se sont succédés ?

....

12. Quelles sont les personnes frappées d'inéligibilité à la présidence de la République ?

....

FICHE 5

Droit constitutionnel

Qu'est-ce que le Droit constitutionnel ?
Le Droit constitutionnel est le droit régissant les institutions politiques. Ce terme provient du grec *Polis*, la Cité. Le Droit constitutionnel est donc le droit s'appliquant à l'organisation de la Cité, c'est-à-dire à l'État et à ses limites, à travers un ensemble de règles relatives à son organisation. Ces règles sont regroupées au sein d'un document unique : la Constitution.

Pourquoi étudier le Droit constitutionnel ?
Son étude permet de comprendre le fonctionnement de l'État et les raisons d'être des différents régimes politiques. Il permet notamment aux étudiants en droit d'appréhender et de comprendre le régime politique instauré par la Ve République française.

Théorie générale de l'État

Les différentes formes d'État

FOCUS

Le droit classe les États selon leur forme en deux grandes catégories : les États unitaires et les États fédéraux. Dans un État unitaire, la volonté politique s'impose à l'ensemble des citoyens, lesquels sont soumis aux mêmes lois en tous les domaines, et l'exercice du pouvoir juridique d'État est monopolisé par un seul centre politique. *A contrario*, un État fédéral se superpose aux États fédérés qui le composent. Ces États disposent d'une autonomie d'action et participent au gouvernement de l'État fédéral.

1. Attribuez chacune des informations à la catégorie qui lui correspond.

A. La déconcentration est, pour l'État, le fait de transférer des pouvoirs de décision à des agents subordonnés au pouvoir central

B. Trois principes régissent cette forme d'État : le principe d'autonomie, le principe de participation et le principe de superposition

C. Cette forme d'État peut naître du rapprochement entre plusieurs États souverains ou de la dissociation des provinces composant un État unitaire

D. La décentralisation est le transfert d'attributions de l'État à des institutions juridiquement distinctes de lui et bénéficiant, sous sa surveillance, d'une certaine autonomie de gestion

E. Une seule et unique citoyenneté

F. Organisation à double étage

G. En France, le préfet reste le « dépositaire de l'autorité de l'État dans le département »

H. Le Bundesrat est la représentation des Länder allemands

I. L'État régional est un État dans lequel la décentralisation est poussée à son extrême, accordant ainsi une large autonomie à ses régions

ÉTAT UNITAIRE	ÉTAT FÉDÉRAL

La séparation des pouvoirs

FOCUS

Tout État démocratique doit séparer les pouvoirs, afin d'éviter leur concentration entre les mains d'une seule autorité et ainsi instaurer un régime autoritaire. C'est ce qu'on appelle la séparation des pouvoirs. Il en existe deux types : la séparation souple et la séparation stricte.

2. Répondez aux questions suivantes.

1. Ils sont au nombre de trois et servent à diriger l'État : ....

2. Quel pouvoir est incarné par le Parlement ? ....

3. Quel pouvoir peut être bicéphale ou monocéphale ? ....

4. Quel auteur est considéré comme l'un des théoriciens de la séparation souple des pouvoirs ? ....

5. Quel est le régime dans lequel chaque pouvoir est à la fois isolé, indépendant et sans aucun moyen de pression sur un autre ? ....

6. Quel est le régime de collaboration des pouvoirs dans lequel le gouvernement et le Parlement ont des domaines d'action communs et des moyens d'action réciproques ? ....

7. De quelle séparation la motion de censure permettant au Parlement de renverser le gouvernement est-elle typique ?

....

8. Quelle technique permet de tempérer l'étanchéité des pouvoirs dans le cadre d'une séparation stricte ? ....

....

9. Quel pays a longtemps été considéré comme l'archétype de la séparation stricte des pouvoirs ? ....

10. Selon quel principe de la séparation la France est-elle organisée ? ....

La Constitution

3. Reliez chaque début de phrase à sa fin.

1. La constitution est...
2. La constitution est...
3. La constitution comprend...
4. La constitution peut se présenter...
5. L'organe compétent pour établir une constitution est...
6. L'organe compétent pour réviser une constitution est...
7. La suprématie de la constitution est garantie par...
8. La suprématie de la constitution se manifeste par...
9. Les organes chargés du contrôle de constitutionnalité des lois peuvent être...
10. Les étapes de révision de la constitution sont généralement...

A. ... le pouvoir constituant originaire.
B. ... l'acte fondateur de tout État.
C. ... la conformité de la loi à la norme suprême.
D. ... sous forme écrite ou orale.
E. ... le pouvoir constituant dérivé.
F. ... le texte suprême de l'État.
G. ... le contrôle de constitutionnalité.
H. ... l'initiative, l'adoption et la ratification.
I. ... des règles régissant l'organisation des pouvoirs publics et garantissant les droits et libertés fondamentaux.
J. ... uniques ou multiples.

La Ve République

La Genèse de la Ve République : le discours de Bayeux

FOCUS

Ce discours prononcé en 1946 permet au Général de Gaulle d'exposer sa propre pensée constitutionnelle. Il ne sera pas entendu par le peuple français, à cette époque, qui votera un autre projet duquel naîtra la IVe République. Cependant, il a tout dit et nous a offert dans ce discours les fondations de notre Ve République.

4. Complétez l'extrait du discours de Bayeux en vous aidant de la liste ci-dessous.

1. Premier
2. législatif
3. judiciaire
4. deuxième
5. pouvoir exécutif
6. chef de l'État
7. Démocratie
8. ministres
9. gouvernement
10. deux
11. élections
12. garant
13. traités
14. indépendance
15. exécutif
16. vote
17. nation

[...] Certes, il est de l'essence même de la _______________ que les opinions s'expriment et qu'elles s'efforcent, par le suffrage, d'orienter suivant leurs conceptions l'action publique et la législation. Mais aussi tous les principes et toutes les expériences exigent que les pouvoirs publics : _______________ et _______________, _______________, soient nettement séparés et fortement équilibrés et, qu'au-dessus des contingences politiques, soit établi un arbitrage national qui fasse valoir la continuité au milieu des combinaisons.

Il est clair et il est entendu que le _______________ définitif des lois et des budgets revient à une Assemblée élue au suffrage universel et direct. Mais le premier mouvement d'une telle Assemblée ne comporte pas nécessairement une clairvoyance et une sérénité entières. Il faut donc attribuer à une _______________ Assemblée, élue et composée d'une autre manière, la fonction d'examiner publiquement ce que la première a pris en considération, de formuler des amendements, de proposer des projets. Or, si les grands courants de politique générale sont naturellement reproduits dans le sein de la Chambre des Députés, la vie locale, elle aussi, a ses tendances et ses droits. [...]

Du Parlement, composé de _______________ Chambres et exerçant le pouvoir législatif, il va de soi que le _______________ ne saurait procéder, sous peine d'aboutir à cette confusion des pouvoirs dans laquelle le gouvernement ne serait bientôt plus rien qu'un assemblage de délégations. [...]

C'est donc du _______________, placé au-dessus des partis [...] que doit procéder le pouvoir exécutif. [...]

À lui la mission de nommer les _______________ et, d'abord, bien entendu, le...................., qui devra diriger la politique et le travail du _______________. Au chef de l'État la fonction de promulguer les lois et de prendre les décrets, car c'est envers l'État tout entier que ceux-ci et celles-là engagent les citoyens. À lui la tâche de présider les Conseils du gouvernement et d'y exercer cette influence de la continuité dont une _______________ ne se passe pas. À lui l'attribution de servir d'arbitre au-dessus des contingences politiques, soit normalement par le conseil, soit, dans les moments de grave confusion, en invitant le pays à faire connaître par des _______________ sa décision souveraine. À lui, s'il devait arriver que la patrie fût en péril, le devoir d'être le _______________ de l'_______________ nationale et des _______________ conclus par la France.

La Constitution de la Ve République

5. Répondez aux questions suivantes en cochant la bonne réponse.

1. Qui est le chef d'orchestre du texte élaboré en 1958 ?

❑ A. Pierre Pflimlin

❑ B. René Cassin

❑ C. Michel Debré

2. À quelle date la Constitution de la Ve République a-t-elle été promulguée ?

❑ A. Le 28 septembre 1958

❑ B. Le 4 octobre 1958

❑ C. Le 27 octobre 1946

3. La Constitution de la Ve République compte combien d'articles ?

❑ A. 106 articles

❑ B. 142 articles

❑ C. 89 articles

4. En sus du texte adopté en 1958, quels textes ont également valeur constitutionnelle ?

❏ A. La Déclaration des droits de l'Homme et du Citoyen du 26 août 1789, le Préambule de la Constitution du 27 octobre 1946 et la Charte de l'environnement de 2004

❏ B. La Déclaration des droits de l'Homme et du Citoyen du 26 août 1789 et le Préambule de la Constitution du 27 octobre 1946

❏ C. La Déclaration universelle des droits de l'Homme du 10 décembre 1948 et le Traité de Maastricht du 7 février 1992

5. Dans quel ordre la Constitution de le Ve République traite-t-elle des institutions ?

❏ A. Le gouvernement, le Parlement, le président de la République

❏ B. Le Parlement, le gouvernement, le président de la République

❏ C. Le président de la République, le gouvernement, le Parlement

6. L'article 1er de la Constitution de la Ve République dispose :

❏ A. La France est une République indivisible, laïque, démocratique et sociale

❏ B. La France est une République une, indivisible, laïque et sociale

❏ C. La France est une République laïque

7. « ....veille au respect de la Constitution. Il assure, par son arbitrage, le fonctionnement régulier des pouvoirs publics ainsi que la continuité de l'État. » De quelle institution est-il question dans l'article 5 de la Constitution ?

❏ A. Du Premier ministre

❏ B. Du Conseil constitutionnel

❏ C. Du président de la République

8. « ....dirige l'action du gouvernement. Il est responsable de la défense nationale. Il assure l'exécution des lois. » De quelle institution est-il question dans l'article 21 de la Constitution ?

❏ A. Du Premier ministre

❏ B. Du président de la République

❏ C. Du Parlement

9. « ....vote la loi. Il contrôle l'action du gouvernement. Il évalue les politiques publiques. De quelle institution est-il question dans l'article 24 de la Constitution ?

❏ A. Du gouvernement

❏ B. Du président de la République

❏ C. Du Parlement

10. Quel est l'objet de l'article 66-1 de la Constitution ?

❏ A. L'interdiction de la torture

❏ B. L'interdiction de la peine de mort

❏ C. L'interdiction de l'esclavage

Les Institutions de la Ve République

1. Le Parlement

Les élections législatives et leur mode de calcul

FOCUS

Nombre de sièges à pourvoir : 577
Les 577 députés de l'Assemblée nationale sont élus au suffrage universel direct, au scrutin uninominal majoritaire à deux tours.
Pour être élu dès le premier tour, il faut obtenir la majorité absolue, c'est-à-dire plus de 50 % des suffrages exprimés (la moitié +1) et un nombre de voix au moins égal à 25 % des électeurs inscrits.
Si aucun candidat n'y parvient, on procède au second tour de scrutin auquel ne peuvent se présenter que les candidats ayant obtenu au premier tour un nombre de suffrages au moins égal à 12,5 % des électeurs inscrits.
C'est cette méthode de calcul qui permet dans quelques cas les triangulaires au second tour. Pour être élu au second tour, la majorité relative suffit : le candidat qui obtient le plus grand nombre de suffrages emporte l'élection et donc le siège.

Résultats élections législatives de 2017 – LOIRE (42) 1re circonscription	
Inscrits	65 647
Abstentions	36 634
Votants	29 013
Blancs	332
Nuls	111
Exprimés	28 570
Nom du candidat et nuance	**Nombre de voix**
Mme Magalie VIALLON (REM)	9 946
M. Régis JUANICO (SOC)	5 500
M. Gilles ARTIGUES (UDI)	3 827
M. Philippe CLAUSE (FN)	2 857
Mme Corinne OUMAKHLOUF (FI)	2 857
M. Lucas WINIARSKI (COM)	695
M. Mohamed ABDIRAHMAN (RDG)	358
M. Romain BROSSARD (EXG)	206
Mme Andrée ROUSSON (EXD)	168
Mme Samar EL HUSSEINI (DIV)	139
M. Loïc LE SAUDER (DIV)	89
M. Bernard SIROT (EXG)	88
M. Mourad HAMLAOUI (DIV)	83
Mme Bénédicte PLACE (DVD)	0

6. Lisez le tableau et les informations ci-dessus puis répondez aux questions suivantes.

À l'issue de ce premier tour de scrutin, un candidat a-t-il été élu ? Dans la négative, quels sont les candidats aptes à se présenter au second tour de scrutin ? ....

....

....

7. Reliez chacune des compétences ou caractéristiques à la chambre du Parlement qui lui correspond.

1. Le Parlement est…
2. Le Sénat représente…
3. Les députés de l'Assemblée nationale sont élus…
4. Le Parlement…
5. Les sénateurs sont élus…
6. Les fonctions des députés et des sénateurs sont…
7. Le Parlement se réunit en une session unique allant…
8. Le Congrès est…
9. Les députés et sénateurs peuvent…
10. Les députés sont au nombre de…
11. Le Congrès siège…
12. Les sénateurs sont au nombre de…
13. L'Assemblée nationale siège…
14. Le Sénat siège…

A. … poser des questions, écrites ou orales, aux membres du gouvernement
B. …au suffrage universel direct majoritaire à 2 tours
C. … au Palais du Luxembourg
D. … bicaméral, c'est-à-dire composé de deux chambres
E. … vote la loi, contrôle l'action du gouvernement et évalue les politiques publiques.
F. … du premier jour ouvrable d'octobre au dernier jour ouvrable de juin
G. … la réunion des deux assemblées à Versailles
H. … les collectivités territoriales
I. … à Versailles
J. … 577
K. … incompatibles avec celles de membre du gouvernement et de représentant du Parlement européen
L. … 348
M. … au suffrage universel indirect
N. … au Palais Bourbon

2. L'Exécutif

8. Qui suis-je ?

Le Premier ministre	Le président de la République

1) Nommé par le président de la République, je dois être de la même couleur politique que la majorité à l'Assemblée nationale. Collaborateur privilégié du chef de l'État à travers sa suppléance, mes avis et mes recommandations, je peux être à l'initiative de la loi, dispose du pouvoir réglementaire et nomme aux emplois civils et militaires. Je suis responsable de la défense nationale et de l'exécution des lois et propose au président de la République la nomination des membres du gouvernement puisque j'en suis le chef et en dirige l'action.

2) Mon mandat est protégé par un principe d'irresponsabilité. Mais je peux en revanche être destitué par les membres de Parlement en cas de manquements à mes devoirs manifestement incompatibles avec l'exercice de mon mandat. Mes pouvoirs sont étendus et peuvent être exercés seul, comme la nomination du Premier ministre ou la dissolution de l'Assemblée nationale, conjointement avec le gouvernement, lorsque je dirige le Conseil des ministres, ou avec le Parlement, lorsqu'il s'agit de promulguer la loi. J'ai été qualifié de « clé de voûte des institutions ». Je suis représentant direct du peuple grâce à mon élection au suffrage universel direct pour une durée de 5 ans.

FOCUS

Le président de la République, pour défendre l'État face à un danger exceptionnel, peut exercer les pleins pouvoirs, c'est-à-dire qu'il va concentrer entre ses mains l'ensemble de l'autorité de l'État et que les autres pouvoirs lui seront donc subordonnés. C'est ce qu'on appelle une Dictature de salut public permettant de mettre en place – au profit du président de la République — des pouvoirs exceptionnels.

9. Lisez l'article 11 de la Constitution puis répondez aux questions suivantes par VRAI ou FAUX.

Article 11 de la Constitution

Le Président de la République, sur proposition du Gouvernement pendant la durée des sessions ou sur proposition conjointe des deux assemblées, publiées au Journal officiel, peut soumettre au référendum tout projet de loi portant sur l'organisation des pouvoirs publics, sur des réformes relatives à la politique économique, sociale ou environnementale de la nation et aux services publics qui y concourent, ou tendant à autoriser la ratification d'un traité qui, sans être contraire à la Constitution, aurait des incidences sur le fonctionnement des institutions.

Lorsque le référendum est organisé sur proposition du Gouvernement, celui-ci fait, devant chaque assemblée, une déclaration qui est suivie d'un débat.

Un référendum portant sur un objet mentionné au premier alinéa peut être organisé à l'initiative d'un cinquième des membres du Parlement, soutenue par un dixième des électeurs inscrits sur les listes électorales. Cette initiative prend la forme d'une proposition de loi et ne peut avoir pour objet l'abrogation d'une disposition législative promulguée depuis moins d'un an.

Les conditions de sa présentation et celles dans lesquelles le Conseil constitutionnel contrôle le respect des dispositions de l'alinéa précédent sont déterminées par une loi organique.

Si la proposition de loi n'a pas été examinée par les deux assemblées dans un délai fixé par la loi organique, le Président de la République la soumet au référendum.

Lorsque la proposition de loi n'est pas adoptée par le peuple français, aucune nouvelle proposition de référendum portant sur le même sujet ne peut être présentée avant l'expiration d'un délai de deux ans suivant la date du scrutin.

Lorsque le référendum a conclu à l'adoption du projet ou de la proposition de loi, le Président de la République promulgue la loi dans les quinze jours qui suivent la proclamation des résultats de la consultation.

	VRAI	FAUX
1. La mise en œuvre du référendum est une décision présidentielle.		
2. Le référendum doit être proposé au Président de la République.		
3. Le référendum peut porter sur n'importe quel sujet.		
4. L'article 11 de la Constitution prévoit la possibilité d'un référendum d'initiative populaire.		
5. Le référendum d'initiative populaire ne peut abroger que des lois âgées d'un an ou plus.		
6. Ce référendum d'initiative a déjà été appliqué.		
7. Le référendum de l'article 11 de la Constitution permet au peuple d'adopter une loi.		
8. Une fois la loi adoptée par le peuple le Président de la République doit la promulguer.		
9. Le référendum d'initiative populaire est prévu par la Constitution de 1958.		

3. Le Conseil constitutionnel

FOCUS

Le Conseil constitutionnel fut institué par la Constitution de 1958. Il est le gardien du texte constitutionnel et, à ce titre, contrôle la constitutionnalité des lois et des traités internationaux. Il est également le juge des élections nationales et des opérations référendaires.

10. Répondez aux questions suivantes en cochant la bonne réponse.

1. Le Conseil constitutionnel est composé de :

❐ **A.** 3 membres
❐ **B.** 6 membres
❐ **C.** 9 membres
❐ **D.** 12 membres

2. Sont membres de droit du Conseil constitutionnel :

❐ **A.** Les anciens Présidents du Sénat
❐ **B.** Les anciens Président de l'Assemblée nationale
❐ **C.** Les anciens garde des Sceaux
❐ **D.** Les anciens Présidents de la République

3. Les membres du Conseil constitutionnel sont :

❐ **A.** élus
❐ **B.** nommés
❐ **C.** obligatoirement juristes
❐ **D.** forcément très âgés

4. Est une autorité de nomination :

❐ **A.** le Président de la République
❐ **B.** le Président du Sénat
❐ **C.** le Président de l'Assemblée nationale
❐ **D.** le Premier Ministre

5. Le mandat d'un juge constitutionnel est de :

❐ **A.** 3 ans
❐ **B.** 5 ans
❐ **C.** 7 ans
❐ **D.** 9 ans

6. Le Conseil constitutionnel est renouvelé :

❐ **A.** par moitié tous les 4.5 ans
❐ **B.** par tiers tous les 3 ans
❐ **C.** dans sa totalité tous les 9 ans
❐ **D.** les membres sont nommés à vie

7. Les dernières nominations de juges constitutionnels ont eu lieu :

❐ **A.** en mars 2018
❐ **B.** en juillet 2017
❐ **C.** en février 2018
❐ **D.** en février 2019

8. Les juges constitutionnels :

❐ **A.** peuvent conserver un poste de responsabilité au sein d'un parti politique
❐ **B.** ont une obligation de réserve
❐ **C.** peuvent prendre une position publique sur un fait faisant l'objet d'une décision du Conseil constitutionnel
❐ **D.** ne peuvent pas prendre une position publique sur un fait faisant l'objet d'une décision du Conseil constitutionnel

9. Le Président actuel du Conseil constitutionnel est :

❐ **A.** 3 Alain Juppé
❐ **B.** 3 Nicole Maestracci
❐ **C.** 3 Valérie Giscard d'Estaing
❐ **D.** 3 Laurent Fabius

11. Lisez la décision ci-dessous du Conseil constitutionnel puis répondez aux questions suivantes.

Décision n° 2017-165 PDR du 18 mars 2017 - Liste des candidats à l'élection présidentielle

LE CONSEIL CONSTITUTIONNEL,
Au vu des textes suivants :
– la Constitution, notamment ses articles 6, 7 et 58 ;
– l'ordonnance n° 58-1067 du 7 novembre 1958 portant loi organique sur le Conseil constitutionnel, notamment son article 30 ;
– les articles 3 et 4 de la loi n° 62-1292 du 6 novembre 1962 relative à l'élection du président de la République au suffrage universel ;
– les articles du Code électoral rendus applicables à l'élection du président de la République, notamment ses articles L. 2, L. 5, L. 6, L. 9, L. 45, L.O. 127, L.O. 135-1, L. 199 et L. 200 ;
– le décret n° 2001-213 du 8 mars 2001 portant application de la loi du 6 novembre 1962 mentionnée ci-dessus ;
– le décret n° 2017-223 du 24 février 2017 portant convocation des électeurs pour l'élection du président de la République ;
– la décision du Conseil constitutionnel n° 2016-135 ORGA du 8 septembre 2016 relative à la détermination par tirage au sort de l'ordre de la liste des candidats à l'élection du président de la République et aux modalités de publication du nom et de la qualité des citoyens qui présentent des candidats à l'élection du président de la République ;
– les décisions du Conseil constitutionnel n° 2017-158 PDR du 1er mars 2017, n° 2017-159 PDR du 3 mars 2017, n° 2017-160 PDR du 7 mars 2017, n° 2017-161 PDR du 10 mars 2017, n° 2017-162 PDR du 14 mars 2017 et n° 2017-164 PDR du 18 mars 2017 ayant arrêté les listes des citoyens habilités ayant présenté des candidats à l'élection du président de la République ;
Ayant examiné les formulaires de présentation qui lui ont été adressés à partir du 24 février 2017 et qui lui sont parvenus au plus tard le 17 mars 2017 à dix-huit heures, conformément à l'article 3 de la loi du 6 novembre 1962 mentionnée ci-dessus et à l'article 2 du décret du 8 mars 2001 mentionné ci-dessus ;
Après s'être assuré de la régularité des candidatures et du consentement des candidats, avoir constaté le dépôt du pli scellé exigé pour leur déclaration de situation patrimoniale et avoir reçu leur engagement, en cas d'élection, de déposer une nouvelle déclaration deux mois au plus tôt et un mois au plus tard avant l'expiration du mandat ou, en cas de démission, dans un délai d'un mois après celle-ci ;

DÉCIDE :
Article 1er. – La liste des candidats à l'élection du président de la République, dont l'ordre a été établi par voie de tirage au sort, est arrêtée comme suit :
– M. Nicolas DUPONT-AIGNAN,
– Mme Marine LE PEN,
– M. Emmanuel MACRON,
– M. Benoît HAMON,
– Mme Nathalie ARTHAUD,
– M. Philippe POUTOU,
– M. Jacques CHEMINADE,
– M. Jean LASSALLE,
– M. Jean-Luc MÉLENCHON,
– M. François ASSELINEAU,
– M. François FILLON.

Article 2. – La présente décision sera publiée au Journal officiel et notifiée, par les soins du gouvernement, aux représentants de l'État en Nouvelle-Calédonie et dans les départements et collectivités d'outre-mer et aux ambassadeurs et aux chefs de postes consulaires.
Délibéré par le Conseil constitutionnel dans sa séance du 18 mars 2017, où siégeaient : M. Laurent FABIUS, Président, Mmes Claire BAZY MALAURIE, Nicole BELLOUBET, MM. Michel CHARASSE, Jean-Jacques HYEST, Lionel JOSPIN, Mmes Corinne LUQUIENS, Nicole MAESTRACCI et M. Michel PINAULT.
Rendu public le 18 mars 2017.

1. Quel est l'objet de cette décision ?

....

2. À quelle date cette décision a-t-elle été rendue ?

....

3. Quel est le type de suffrage de l'élection présidentielle ?

....

4. Quel est l'objet des articles 3 et 4 de la loi du 6 novembre 1962 ?

....

5. Quel est le nombre de candidats retenu par la liste dressée par le Conseil constitutionnel ?

....

6. Quels sont les documents qui ont été adressés au Conseil constitutionnel à partir du 24 février ?

....

7. Quelles sont les conditions pour être candidat vérifié par le Conseil constitutionnel ?

....

8. Par quel biais cette décision est-elle rendue publique ?

....

9. Combien de membres du Conseil constitutionnel ont délibéré pour rendre cette décision ?

....

10. Le président du Conseil constitutionnel était-il présent ? Si oui, qui était-il ?

....

FICHE 6

Institutions de l'Union européenne

Qu'est-ce que le cours d'institutions de l'Union européenne ?
Ce cours permet de porter à la connaissance de l'étudiant la structure institutionnelle de l'Union européenne qui ne connaît aucune équivalence dans le monde. En effet, ce système institutionnel se distingue de manière radicale des systèmes institutionnels de ses 27 pays membres. Chacune de ses institutions a une organisation et des membres qui lui sont propres et travaille selon un schéma établi par les différents Traités.

Pourquoi étudier le cours d'institutions de l'Union européenne ?
Cette machine qu'est l'Union européenne ne peut fonctionner sans ses pièces maîtresses, ses institutions. Elles lui permettent effectivement d'assurer les missions qui lui sont confiées par les Traités, d'où leur importance et leur diversité.

Les États membres de l'Union européenne

1. *Remettez les syllabes dans l'ordre pour obtenir les 27 pays membres de l'Union européenne.*

slo	ce	alle	magne	su	au	bel	lie	bul	chy	pre	cro	dane	blique	mark
es	anie	tonie	fin	bas	rou	lande	vénie	fran	vaquie	garie	grè	hon	portu	
grie	ir	ce	ita	letto	luxem	gique	manie	litu	bourg	te	es	pays-	po	logne
gal	triche	répu	atie	slo	ède	nie	pagne	mal	roy	tchèque	uni	aume	lande	

Les traités constitutifs de l'Union européenne

2. *Placez les traités suivants dans l'ordre chronologique de leur signature.*

… → … → … → … → … → … → … → …

A. Acte unique européen
B. Traité d'Amsterdam
C. Traité de fusion – traité de Bruxelles
D. Traité sur l'Union européenne – traité de Maastricht
E. Traité instituant la Communauté européenne du charbon et de l'acier (CECA)
F. Traité de Nice
G. Traités de Rome – CEE et EURATOM
H. Traité sur l'Union européenne et traité sur le fonctionnement de l'Union européenne (traité de Lisbonne)

3. Reliez chacun des traités à leur leur(s) objectif(s).

1. Acte unique européen
2. Traité d'Amsterdam
3. Traité de fusion (traité de Bruxelles)
4. Traité sur l'Union européenne (traité de Maastricht)
5. Traité instituant la Communauté européenne du charbon et de l'acier (CECA)
6. Traité de Nice
7. Traités de Rome – CEE et EURATOM
8. Traité sur l'Union européenne et traité sur le fonctionnement de l'Union européenne (traité de Lisbonne)

A. Adapte les institutions afin que l'Union européenne fonctionne efficacement après l'élargissement à 25 États membres.

B. Institue une première organisation créant une interdépendance entre les États membres dans les domaines du charbon et de l'acier.

C. Modernise les institutions européennes avec la création d'une seule Commission et d'un seul Conseil pour les trois Communautés européennes existant (CEE, Euratom et CECA).

D. Prépare la création de l'Union monétaire européenne et jette les bases d'une union politique (citoyenneté européenne, politique étrangère et de sécurité commune, coopération dans le domaine de la justice et des affaires intérieures). C'est la création de l'Union européenne.

E. Rend l'Union européenne plus démocratique, efficace et apte à affronter les problèmes mondiaux.

F. Adapte les institutions afin de préparer l'adhésion du Portugal et de l'Espagne et d'accélérer le processus décisionnel en vue de l'instauration du marché unique.

G. Adapte les institutions afin de préparer l'adhésion de nouveaux États membres notamment en prévoyant un processus décisionnel plus transparent.

H. Crée la Communauté économique européenne (CEE) et la Communauté européenne de l'énergie atomique (CEEA ou Euratom).

Les symboles de l'Union européenne

4. L'Union européenne possède des symboles ; répondez aux questions suivantes en cochant la bonne réponse.

1. Son drapeau est :

❏ A. Un cercle d'étoiles d'or sur fond bleu

❏ B. Un planisphère en projection azimutale équidistante entouré de deux branches d'olivier stylisées et croisées

❏ C. Une Rose des vents blanche, à quatre directions, accompagnée de quatre lignes radiales blanches sur un fond bleu foncé

2. Son hymne est :

❏ A. *Le Gloria* d'Antonio Vivaldi

❏ B. *La Neuvième symphonie* de Ludwig van Beethoven

❏ C. *Le Requiem* de Wolwgang Amadeus Mozart

3. Sa Journée est :

❏ A. Le 9 mai

❏ B. Le 18 avril

❏ C. Le 1er juillet

4. Sa devise est :
- ❑ A. *Citius, Altius, Fortius*
- ❑ B. *Draco Dormiens Nunquam Titillandus*
- ❑ C. « Unie dans la diversité »

5. Les pays de la zone euro sont au nombre de :
- ❑ A. 27
- ❑ B. 19
- ❑ C. 24

6. Les billets et pièces en euro sont entrés en circulation :
- ❑ A. Le 1er janvier 2002
- ❑ B. Le 1er janvier 2003
- ❑ C. Le 1er janvier 2000

7. En mars 2017, l'Union européenne a fêté :
- ❑ A. Ses 40 ans
- ❑ B. Ses 50 ans
- ❑ C. Ses 60 ans

Les institutions politiques de l'Union européenne

FOCUS

L'Union européenne met en place une organisation unique fonctionnant autour d'institutions politiques qui ont chacune un rôle bien déterminé : Le Parlement européen, la Commission européenne, le Conseil européen et le Conseil de l'Union européenne. D'autres organes comme la Cour de justice de l'Union européenne, la Banque centrale et le Médiateur viennent compléter cette architecture institutionnelle.

Le Parlement européen

5. Répondez aux questions suivantes.

1. Quelle est la date des dernières élections du Parlement européen en France ?

....

2. Quel est le type de suffrage appliqué aux élections parlementaires ?

....

3. Quelles sont les conditions pour être électeur aux élections du Parlement européen ?

....

4. Quelle est la durée du mandat d'un eurodéputé ?

....

6. Quel type de représentation s'applique au Parlement européen ?

....

7. Quel est le nombre de sièges attribué à la France ? Quel sera-t-il après la mise en application du Brexit ?

....

8. Quelles sont les missions d'un eurodéputé ?

....

La Commission européenne

6. Reliez chaque début de phrase à la fin qui lui correspond.

1. La Commission européenne est...
2. La Commission représente...
3. Les membres de la Commission sont...
4. La Commission est composée...
5. Les commissaires ne peuvent...
6. Les États membres ne doivent pas...
7. La Commission veille...
8. La Commission formule...
9. La Commission joue...
10. La Commission établit...
11. La Commission assure...
12. Le siège de la Commission est...
13. Le Président de la Commission est...

A. ... le moteur de l'Union européenne.
B. ... l'avant-projet du budget de l'UE et exécute le budget.
C. ... accepter d'instruction de leur pays d'origine.
D. ... de 27 commissaires (un par État membre).
E. ... la représentation de l'UE sauf en matière de politique étrangère et de sécurité commune..
F. ... choisi parmi ses membres.
G. ... l'intérêt général de l'Union européenne.
H. ... des recommandations dans les matières intéressant l'UE. Elle a un véritable pouvoir d'initiative et d'impulsion.
I. ... appelés les commissaires.
J. ... un rôle d'exécution des décisions prises par le Conseil.
K. ... influencer les commissaires dans l'exercice de leur fonctions.
L. ... à la bonne application des traités par les États membres. En cas de non-respect, elle peut traduire un État devant la Cour de justice pour manquement à ses obligations.
M. ... à Bruxelles.

Le Conseil européen et le Conseil de l'Union européenne

FOCUS

Il ne faut pas confondre ces deux institutions qui ont une composition et un rôle très différents.
Il ne faut pas non plus les confondre avec le Conseil de l'Europe qui n'est pas une institution de l'Union européenne, mais une organisation internationale de défense des droits de l'Homme comprenant 47 membres - dont les 27 membres de l'UE – ayant tous signé la Convention européenne des droits de l'Homme.

7. Attribuez à chacune de ces deux institutions les éléments de définitions suivants.

A. Les décisions sont prises par les chefs d'État et de gouvernement par un vote soit à l'unanimité soit à la majorité qualifiée

B. Ses membres se réunissent lors de sommets 4 fois par an

C. Il désigne et nomme les candidats à certaines hautes fonctions de l'UE, comme la présidence de la Banque centrale européenne et de la Commission

D. Composition : les chefs d'État et de gouvernement des pays de l'UE, le président de la Commission européenne, la haute représentante de l'Union pour les affaires étrangères et la politique de sécurité

E. Il se réunit en 10 formations différentes en fonction du sujet traité. Par exemple la formation « Environnement » est composée des ministres de l'environnement des pays de l'UE

F. Les décisions sont prises principalement à la majorité qualifiée mais certaines fois à l'unanimité ou à la majorité simple

G. Il développe la politique étrangère et de sécurité de l'UE, en s'appuyant sur les lignes directrices du Conseil européen

H. Il traite les questions complexes ou sensibles qui ne peuvent être résolues qu'à son haut niveau

I. Il définit la politique étrangère et de sécurité commune

J. Il conclut des accords entre l'UE et d'autres pays ou organisations internationales

K. Il est placé sous la direction d'un Président permanent : Donald Tusk

L. Il décide des grandes orientations et priorités politiques de l'UE

M. Tous ses débats et votes sont publics

N. Il coordonne les politiques des pays de l'UE

O. Il négocie et adopte la législation de l'UE avec le Parlement européen, sur la base des propositions présentées par la Commission européenne

P. La présidence du Conseil est assurée à tour de rôle par chaque État membre pour une période de six mois

Q. Il adopte le budget annuel de l'UE avec le Parlement européen

R. Il est composé des chefs d'État ou de gouvernement des États membres

S. Il est composé des ministres nationaux de chaque pays de l'UE, en fonction des domaines politiques traités

T. Son siège est à Bruxelles en Belgique

CONSEIL EUROPÉEN	CONSEIL DE L'UNION EUROPÉENNE

La Cour de Justice de l'Union européenne

8. Répondez aux questions suivantes par VRAI ou FAUX.

	VRAI	FAUX
1. Son siège est établi à Bruxelles en Belgique		
2. La CJUE comprend trois juridictions : la Cour de Justice, le Tribunal et le Tribunal de la fonction publique		
3. Depuis l'origine, les juridictions de la Cour ont rendu 2 800 arrêts		
4. Les arrêts de la CJUE sont rendus en 2 langues : le français et l'anglais		
5. La Cour se compose de deux juges par État membre et de 11 avocats généraux		
6. Le Tribunal se compose d'au moins un juge par État membre mais pas nécessairement d'avocats généraux		
7. Le Tribunal de la fonction publique se compose de 28 juges		
8. La CJUE a pour mission de s'assurer que les États membres respectent le droit de l'UE dans l'interprétation et l'application des traités		
9. La CJUE contrôle la légalité des actes des institutions de l'Union européenne		
10. La CJUE interprète le droit de l'Union à la demande des juges nationaux à travers une technique appelée renvoi préjudiciel		

9. Qui suis-je ?

Le Médiateur	La Cour des comptes	La Banque centrale européenne

1) Créée en 1998, mon siège est établi à Francfort en Allemagne. Mon président est Mario Draghi, chargé de me représenter lors des réunions européennes et internationales de haut niveau. Ma structure interne se compose de trois instances : le Conseil des gouverneurs, principale instance de décision, le Directoire, qui assure ma gestion quotidienne et le Conseil général, qui exerce un rôle de consultation et de coordination. Ma mission générale consiste à travailler en collaboration avec les banques centrales nationales de tous les pays de l'Union européenne et à diriger leur coopération respective au sein de la zone euro. Plus particulièrement, c'est moi qui gère la monnaie unique, assure la stabilité des prix et mène la politique économique et monétaire de l'UE.

2) Créé en 1995, mon siège est établi à Strasbourg en France. La personne remplissant ma fonction se nomme Emily O'Reilly et a été élue par le Parlement européen pour un mandat renouvelable de cinq ans. Ma mission consiste à enquêter, en cas de mauvaise administration dans les institutions et organes de l'Union européenne, dès lors qu'une plainte est introduite auprès de mes services par des citoyens ou des résidents des pays de l'UE, ou par des associations ou entreprises établies dans l'UE. Pour cela, mon attention se porte sur le comportement de l'institution mise en cause par la plainte. À l'issue de cette enquête, afin de remédier à la situation, je peux parvenir à un accord à l'amiable, adresser des recommandations à l'institution en cause ou soumettre un rapport spécial au Parlement européen, qui doit alors prendre les mesures nécessaires.

3) Créée en 1977, ma mission est de veiller aux intérêts des contribuables européens. Je siège au Luxembourg et suis présidée par Klaus-Heiner Lehne. Le nombre de mes membres varie en fonction du nombre d'États membres (un par État membre), ils sont nommés par le Conseil, après consultation du Parlement européen, pour un mandat renouvelable de six ans. Je suis principalement chargée de contrôler les recettes et les dépenses de l'Union européenne ainsi que les personnes et organisations gérant des fonds appartenant à l'Union européenne. Afin de garantir mon efficacité, je bénéficie d'une parfaite indépendance notamment à l'égard des organes que je contrôle tels que la Commission ou le Parlement.

La sortie de l'Union européenne

10. Lisez l'article 50 du Traité sur l'Union européenne puis répondez aux questions suivantes.

1. Tout État membre peut décider, conformément à ses règles constitutionnelles, de se retirer de l'Union.
2. L'État membre qui décide de se retirer notifie son intention au Conseil européen. À la lumière des orientations du Conseil européen, l'Union négocie et conclut avec cet État un accord fixant les modalités de son retrait, en tenant compte du cadre de ses relations futures avec l'Union. Cet accord est négocié conformément à l'article 218, paragraphe 3, du traité sur le fonctionnement de l'Union européenne. Il est conclu au nom de l'Union par le Conseil, statuant à la majorité qualifiée, après approbation du Parlement européen.
3. Les traités cessent d'être applicables à l'État concerné à partir de la date d'entrée en vigueur de l'accord de retrait ou, à défaut, deux ans après la notification visée au paragraphe 2, sauf si le Conseil européen, en accord avec l'État membre concerné, décide à l'unanimité de proroger ce délai.
4. Aux fins des paragraphes 2 et 3, le membre du Conseil européen et du Conseil représentant l'État membre qui se retire ne participe ni aux délibérations ni aux décisions du Conseil européen et du Conseil qui le concernent.
La majorité qualifiée se définit conformément à l'article 238, paragraphe 3, point b, du traité sur le fonctionnement de l'Union européenne.
5. Si l'État qui s'est retiré de l'Union demande à adhérer à nouveau, sa demande est soumise à la procédure visée à l'article 49.

1. Qui décide du retrait d'un État membre de l'Union européenne ?

....

2. Quelle institution doit être avertie de cette décision ?

....

3. Comment sont fixées les modalités du retrait ?

....

4. Quelles sont les conséquences du retrait pour un État membre ?

....

5. La décision du retrait de l'Union européenne est-elle définitive ?

....

6. Quel État a fait application de l'article 50 ?

....

7. Comment et quand cette décision fut-elle prise ?

....

8. Quelle date fut choisie par cet État membre pour activer l'article 50 ?

....

corrigés

PARTIE 1

Devenir étudiant en droit

1. Les bonnes habitudes à prendre

1. Repos ; **2.** Relecture CM 4 ; **3.** TD 1 ; **4.** Repos ; **5.** Apprentissage CM 4 ; **6.** TD 1 ; 7. Repos ; **8.** TD 4 ; **9.** TD 3 ; **10.** TD 2 ; **11.** TD 1 ; **12.** Apprentissage CM 2 ; **13.** TD 4 ; **14.** TD 2 ; **15.** Apprentissage CM 3 ; **16.** Apprentissage CM 5 ; **17.** TD 4 ; **18.** TD 3 ; **19.** TD 2 ; **20.** Apprentissage CM 1 ; **21.** Relecture CM 3 ; **22.** Relecture CM 5 et 6 ; **23.** TD 3 : **24.** Apprentissage CM 6 ; **25.** Repos ; **26.** Relecture CM 1 et 2

2. Savoir travailler

1. deux - Droits et Libertés Fondamentaux - régime juridique - la protection - droit international - droit national - constitutionnels - constitutionnel – ordinaires - non juridictionnelles - Parlement - citoyens - trois - personne humaine - droit à la vie - principe d'égalité - Titre 2 - sûreté - régimes de privation de libertés - nationaux - citoyens de l'Union européenne - étrangers - vie privée - secret - libertés civiles et politiques - la presse et de la communication – expressions collectives - réunion - manifestation.

2. **1.** La première partie présente la théorie générale des droits et libertés fondamentaux, avec une insistance sur les garanties, nationales et internationales, des droits fondamentaux et les mécanismes de protection qui en assurent le respect. - **2.** La deuxième partie analyse le régime juridique des droits et libertés fondamentaux protégés, notamment le droit au respect de la dignité de la personne humaine, le principe d'égalité, la liberté individuelle et les libertés civiles et politiques.

3. Nous sommes au chapitre 1, de la Section 1, du Titre 1, de la deuxième partie.

Cours magistral « Droit des Libertés fondamentales »

<u>Section 1 : L'interdiction de la torture et des traitements inhumains et dégradants</u>

L'article 3 de la Convention européenne des droits de l'Homme « Nul ne peut être soumis à la torture ni à des peines ou traitements inhumains ou dégradants ».
L'article 3 CEDH est intéressant car il permet d'assurer la garantie du respect de la dignité humaine.

Définition de la dignité : respect que mérite quelque chose ou quelqu'un. Définition de la dignité humaine : respect de la personne humaine.
L'interdiction des traitements ou peines inhumains ou dégradants ainsi que celle de la torture visent à garantir l'intégrité physique et morale de la personne humaine car ces traitements portent atteinte au principe du respect de la dignité de la personne humaine.

<u>§1 Présentation de l'article 3 CEDH</u>

Les droits et libertés garantis tant par la Constitution française que par les textes internationaux ne sont pas

.../...

intangibles, c'est-à-dire qu'il est possible pour les États soit de les restreindre soit de les concilier avec un autre droit ou une autre liberté. En effet, lorsque certaines conditions exceptionnelles sont remplies (comme l'existence de troubles à l'Ordre public), les États peuvent restreindre certains droits et libertés garantis soit par leur ordre juridique soit par l'ordre juridique international. Exemple : la mise en place de l'état d'urgence en novembre 2015 qui permet de restreindre certaines libertés comme celle d'aller et venir avec la mise en place des couvre-feux ou encore la protection de la vie privée et du domicile avec la possibilité de procéder à des perquisitions de nuit. De même, lorsque deux droits ou deux libertés entrent en conflit, il est possible pour l'État de les concilier (ce qui signifie qu'ils ne seront pas pleinement exercés). Exemple, le mercredi 9 mars 2016 deux droits sont entrés en conflit, le droit de grève et le principe de continuité du service public – l'État n'a pas choisi l'un ou l'autre mais a tenté de les concilier en permettant la grève et en s'assurant de l'effectivité du service minimum.

ATTENTION, cette possibilité de déroger accordée aux États ne s'applique à l'ensemble des droits et libertés. Il existe en effet des droits intangibles. C'est le cas de l'interdiction de la torture et des peines ou traitements inhumains ou dégradants qui est une interdiction absolue et insusceptible de dérogations, RIEN n'autorise la levée de cette interdiction ! Il s'agit d'un droit essentiel au respect de la dignité humaine. La Cour européenne des Droits de l'Homme a rappelé dans son arrêt *Soering* du 7 juillet 1989 que cette interdiction était « une des valeurs fondamentales des sociétés démocratiques qui forment le Conseil de l'Europe ».

Ce caractère absolu se remarque très bien au travers la lecture de deux autres textes internationaux :

– l'Article 7 du Pacte international relatif aux droits civils et politiques : « Nul ne sera soumis à la torture ni à des peines ou traitements cruels, inhumains ou dégradants » ;
– l'Article 4 de la Charte des droits fondamentaux de l'Union européenne : « Nul ne peut être soumis à la torture, ni à des peines ou traitements inhumains ou dégradants ».

<u>§2 Contenu de l'article 3 CEDH</u>

A. Les traitements et peines inhumains et dégradants

Aucun texte ne définit les notions de traitements et peines inhumains et de traitements dégradants, c'est donc à la Cour européenne des droits de l'Homme qu'est revenue la mission de déterminer les contours de ces deux notions.

1. Les peines et traitements dégradants

Les peines et traitements dégradants, ont été définis par la Cour européenne des droits de l'Homme dans un arrêt du 25 avril 1978, *Tyrer c/ Royaume-Uni* (où il était question de fustigation judiciaire alors en vigueur dans l'île de Man) comme ceux qui « humilient l'individu grossièrement devant autrui ou le poussent à agir contre sa volonté ou sa conscience » ou qui abaisse l'individu « à ses propres yeux ».

> Le traitement ou la peine dégradante provoque chez la victime un sentiment d'humiliation.

Exemples :

– sera considéré comme un traitement dégradant, le fait pour une personne, placée dans un centre de dégrisement, de se déshabiller complètement devant une autre personne du sexe opposé : CEDH, Wiktorko c/ Pologne, 31 mars 2009 ;

– idem pour l'installation d'un détenu dans une cage de métal lors de son procès public : CEDH, *Ashot Harutyunyan c/ Arménie*, 15 juin 2010.

2. Les peines et traitements inhumains

Les traitements et peines inhumains ont été définis par la Cour européenne des droits de l'Homme, dans un arrêt 18 janvier 1978, *Irlande c/ Royaume-Uni* (il était dans cette affaire question de qualifier les techniques d'interrogatoires utilisées par les forces britanniques pour lutter contre l'IRA en Irlande du Nord) comme des actes qui provoquent volontairement des souffrances physiques ou mentales particulièrement graves.

> Le caractère inhumain est établi par les vives souffrances physiques et morales.

Exemples :

– sera considéré comme traitements inhumains le maintien en détention d'un détenu inconciliable avec son état de santé : CEDH, 14 novembre 2002, *Mouisel c/ France* ;

– idem pour la qualification de très mauvaises conditions de détention : CEDH, 19 avril 2001, *Peers c/ Grèce*

B. La Torture

À la différence des peines ou traitements inhumains ou dégradants, il existe un texte pour définir la torture, la Convention contre la torture adoptée par l'Assemblée générale de l'ONU le 3 décembre 1984 : « le terme « torture » désigne tout acte par lequel une douleur ou des souffrances aiguës, physiques ou mentales, sont intentionnellement infligées à une personne aux fins notamment d'obtenir d'elle ou d'une tierce personne des renseignements ou des aveux, de la punir d'un acte qu'elle ou une tierce personne a commis ou est soupçonnée d'avoir commis, de l'intimider ou de faire pression sur elle ou d'intimider ou de faire pression sur une tierce personne, ou pour tout autre motif fondé sur une forme de discrimination quelle qu'elle soit, lorsqu'une telle douleur ou de telles souffrances sont infligées par un agent de la fonction publique ou toute autre personne agissant à titre officiel ou à son instigation ou avec son consentement exprès ou tacite. »

- douleurs, physiques ou mentales, aiguës ;
- infligées volontairement ;
- dans le but d'obtenir des renseignements ET/OU de punir ET/OU de faire pression ET/OU motif fondée sur la discrimination ;
- par un agent public.

Exemples :

– *la* Cour européenne des droits de l'Homme va condamner dans un arrêt du 18 décembre 1996, *Aksoy c/ Turquie* l'État turc pour acte de torture auprès d'un individu détenu à la section antiterroriste de la direction de la sûreté à Mardin (Celui-ci avait été suspendu par les bras, soumis à des décharges électriques et battu) ;

– la qualification de torture a également été retenue dans un arrêt du 28 juillet 1999 *Selmouni c/ France*. L'État français a été reconnu coupable de torture policière pendant une garde à vue (coups multiples intenses puisque l'intéressé en garde de nombreuses traces, cheveux tirés, menace avec un chalumeau puis une seringue...).

4. **1.** B ; **2.** C ; **3.** A, C ; **4.** C ; **5.** B ; **6.** C ; **7.** A

5. **1.** E, K ; **2.** I ; **3.** A ; **4.** H ; **5.** B ; **6.** G ; **7.** J ; **8.** L ; **9.** F ; **10.** D ; **11.** C

3. La matière « Droit »

1. **1.** A ; **2.** M ; **3.** C ; **4.** O ; **5.** K ; **6.** L ; **7.** G ; **8.** P ; **9.** D ; 10. H ; **11.** N ; **12.** I ; **13.** F ; **14.** E ; **15.** J ; **16.** B

2. **Divisions verticales : 1.** Droit international public ; **2.** Droit international privé ; **3.** Droit originaire ; **4.** Droit dérivé ; **5.** Parlement ; **6.** gouvernement ; **7.** Juridictions ; **8.** Traités fondateurs ; **9.** Règlements ; **10.** Directives ; **11.** Jurisprudence de la Cour – **Divisions horizontales : 1.** Droit civil ; **2.** Droit commercial ; **3.** Droit du travail ; **4.** Droit constitutionnel ; **5.** Droit administratif ; **6.** Droit pénal ; **7.** Droit de l'Union européenne ; **8.** Droit de la personne ; **9.** Droit de la famille ; **10.** Droit des obligations.

3. 1. I ; **2.** J ; **3.** L ; **4.** E ; **5.** P ; **6.** M ; **7.** C ; **8.** B ; **9.** N ; **10.** K ; **11.** O ; **12.** G ; **13.** F ; **14.** H ; **15.** A ; **16.** D

4. 1. Les références de l'arrêt ; **2.** Les faits ; **3.** La procédure ; **4.** Les moyens ; **5.** Le dispositif.

5. 1. La société Encore Events – **2.** L'annulation du jugement de la Cour d'appel interdisant la tenue de l'exposition. – **3.** Au nom du peuple français – **4.** Le principe de dignité applicable aux personnes vivantes mais également aux restes humains. – **5.** Elle rejette la demande formulée par le Société Encore Events.

6. 1. La décision de la cour d'appel – **2.** Le visa – **3.** La motivation de la Cour de la cassation (1) – **4.** Les faits – **5.** La décision et la motivation du tribunal correctionnel – **6.** La motivation et la décision de la cour d'appel – **7.** La motivation de la Cour de cassation (2) - **8.** Le dispositif.

7. 1. Madame Martine X. – **2.** L'annulation de l'arrêt de la cour d'appel de Montpellier. – **D.** Au nom du peuple français – **4.** Elle casse l'arrêt de la cour d'appel de Montpellier pour méconnaissance par cette dernière de la loi.

8. 1. L'en-tête de l'arrêt – **2.** Les visas : Rappel des faits et de la procédure – **3.** Les visas : Textes applicables au litige – **4.** Les visas : Procédure – **5.** Les considérants : Règle de droit applicable – **6.** Les considérants : L'examen du fond et des moyens – **7.** Le dispositif.

9. 1. La commune de Morsang-sur-Orge, représentée par son maire. – **2.** L'annulation du jugement du Tribunal administratif annulant sa décision d'interdire le spectacle de lancer de nains. – **3.** Au nom du peuple français. – **4.** Le respect de la dignité humaine. – **5.** Le Conseil d'État annule le jugement du Tribunal administratif.

10. 1. Les références de la décision ; **2.** La saisine ; **3.** Les visas ; **4.** Le rappel des fondements juridiques ; **5.** Le rappel des dispositions contestées ; **6.** Les griefs retenus par les autorités de la saisine ; **7.** Les motifs ; **8.** Le dispositif.

11. 1. Le président de l'Assemblée nationale et 68 députés. – **2.** Le contrôle de la conformité à la Constitution de la loi relative au respect du corps humain et de la loi relative au don et à l'utilisation des éléments et produits du corps humain, à l'assistance médicale à la procréation et au diagnostic prénatal. L'annulation pour inconstitutionnalité des articles 8 et 9 de la loi. – **3.** Atteinte au droit à la vie des embryons, au principe d'égalité entre les embryons, respect de l'intégrité de la personne et du corps humain, protection du patrimoine génétique de l'humanité, droit à la santé de l'enfant et au libre épanouissement de sa personnalité et séparation des pouvoirs. – **4.** Le Conseil constitutionnel déclare conforme à la Constitution les articles précités.

12. 1. Les références de la décision ; **2.** La saisine ; **3.** Les visas ; **4.** Le rappel des fondements juridiques ; **5.** Les griefs retenus par les auteurs de la saisine ; **6.** Les motifs ; **7.** Le dispositif.

13. 1. La Cour de cassation sur formulation d'une question prioritaire de constitutionnalité posée par M. Jismy R. et la SELARL Codet-Chopin-Rigault Pragmalexis. – **2.** L'alinéa 8 de l'article 521-1 du Code pénal est-il conforme aux droits et libertés que la Constitution garantit ? – **3.** L'atteinte au principe d'égalité devant la loi. – **4.** L'alinéa 8 de l'article 521-1 du Code pénal est conforme aux droits et libertés que la Constitution garantit.

14. 1. La souveraineté ; **2.** La démocratie ; **3.** La peine et la sanction ; **4.** La Loi ; **5.** La liberté ; **6.** La justice ; **7.** L'égalité ; **8.** Le pouvoir.

15. 1. D ; **2.** D ; **3.** B ; **4.** B ; **5.** A ; **6.** A ; **7.** C ; **8.** D

16. 1. Les caractéristiques du régime présidentiel – **2.** Le régime présidentiel est un régime dans lequel la séparation des pouvoirs se matérialise par une indépendance structurelle (A) ainsi que par une indépendance fonctionnelle (B). – **3.** La séparation stricte des pouvoirs se reflète dans l'indépendance dont jouissent les organes. Ainsi, l'exécutif et le législatif n'interfèrent pas l'un avec l'autre, ni dans leur recrutement, ni dans leur fonction. – **4.** B. Une séparation dans les fonctions. – **5.** Le régime présidentiel se caractérise notamment par une indépendance structurelle et fonctionnelle accordée à ses pouvoirs. Il doit également, afin de laisser ses pouvoirs s'épanouir, rechercher à les équilibrer. Ce qu'il parvient à faire en période normale mais pas en période de conflit. – **6.** II. Un régime de séparation équilibrée des pouvoirs – **7.** A) La mise en place d'un équilibre des pouvoirs – **8.** La recherche de l'équilibre des pouvoirs au sein du régime présidentiel se réalise très bien à l'intérieur de ses pouvoirs, mais la difficulté réside qu'en période de conflit aucune interaction n'est possible entre eux, risquant ainsi de paralyser le régime. – **9.** B) La possible paralysie du régime présidentiel.

17. 1. CE, 27 oct. 1995, n° 136727, *Morsang-sur-Orge* – **2.** La société Fun production avait prévu d'organiser le 25 octobre 1991 dans une discothèque située sur la commune de Morsang-sur-Orge un spectacle de « lancé de nains ». Cette attraction consistait à « utiliser comme projectile une personne affectée d'un handicap physique ». Le maire de la Commune de Morsang-sur-Orge prit alors un arrêté en date du 25 octobre 1991 interdisant le spectacle. Celui-ci a fondé sa décision sur ses pouvoirs de police qu'il détient notamment de l'article L. 131-2 du Code des communes qui dispose que « la police municipale a pour objet d'assurer le bon ordre, la sûreté, la sécurité et la salubrité publiques ». – **3.** Première instance devant le Tribunal administratif de Versailles : La Société Fun production et Monsieur X (la personne de petite taille qui devait être lancée lors du spectacle) saisissent le Tribunal administratif de Versailles afin d'obtenir l'annulation de l'interdiction du maire et la condamnation de la municipalité à leur verser la somme de 10 000 F au titre des réparations du préjudice subi. Selon les demandeurs cette interdiction serait contraire à la liberté de travail et à celle de commerce et d'industrie. Le Tribunal administratif annula l'arrêté municipal aux motifs que l'interdiction ne pouvait être prononcée en l'absence de circonstances locales particulières. Appel devant le Conseil d'État : La commune de Morsang-sur-Orge saisit alors en appel le Conseil d'État afin de voir annuler le jugement du Tribunal administratif du 25 octobre 1991 et condamner la Société Fun production et Monsieur X à lui verser la somme de 10 000 F au titre de l'article 75-1 de la loi du 10 juillet 1991. – **4.** Le respect de la dignité de la personne humaine est-il une composante de l'Ordre public ? – **5.** Le Conseil d'État rappelle les dispositions de l'article L. 131-2 du Code des communes et estime qu'il appartient au maire de protéger l'ordre public par toute mesure et ce, même en l'absence de circonstances locales particulières. Il qualifie ensuite le « lancé de nains » comme une activité contraire au respect de la dignité de la personne humaine. Enfin, il intègre comme composante de l'ordre public, aux côtés de la sûreté, de la sécurité et de la salubrité publique, la dignité humaine.

Le Conseil d'État annule le jugement du Tribunal administratif de Versailles et condamne la Société Fun production à verser la somme de 10 000 F au titre de l'article 75-1 de la loi du 10 juillet 1191.

18. Commentaire de l'arrêt CE, 28 décembre 2017, M. B. A.

« Le souci de la loi de donner à l'enfant à naître un environnement perçu comme le plus stabilisant possible a conduit aussi le législateur à consacrer la règle de l'anonymat du don de gamètes ou d'embryon au lieu de celui du droit de l'enfant à connaître ses origines biologiques comme l'a fait, par exemple, la Suède ou comme envisage de le faire le Royaume-Uni. » Les Lois de la bioéthique : cinq ans après : étude adoptée par l'Assemblée générale du Conseil d'État le 25 novembre 1999 [Oui !].

Quid de la liaison entre l'accroche et l'annonce de l'arrêt]

L'arrêt que nous allons commenter [Formulation maladroite] a été rendue par le Conseil d'État en date du 28 décembre 2017 suite à sa saisine par M. B. A. après le rejet par le Tribunal administratif de Paris de ses demandes tendant à la communication des documents relatifs à l'identification de la personne auteur d'un don de gamète ayant permis sa conception [Que demande M.B.A au CE ? L'annulation pour excès de pouvoir des décisions prises par le TA.]. Le Conseil d'État, saisi d'un pourvoi le 29 janvier 2016, a dû faire face à 2 problèmes de droit : un problème d'application de la loi dans le temps et un problème relatif à l'anonymat dans le domaine du don de gamètes. Dans un premier temps, le Conseil d'État rejeta le moyen selon lequel les articles 16-8 du Code civil et L. 1211-5 du Code de la santé publique [Quel est le contenu de ces articles ? L'Anonymat ?] ne sont pas applicables en l'espèce puisqu'issus des lois bioéthiques de 1994 et que sa naissance est antérieure à 1994. Dans un deuxième temps, la haute juridiction administrative rejeta le second moyen de M. B. A. selon lequel les règles d'accès aux données personnelles d'un donneur de gamètes méconnaîtraient les articles 8 et 14 de la Convention européenne des droits de l'homme [Quel est le contenu de ces articles ? Protection de la vie privée et interdiction de la discrimination.] Le Conseil d'État rejeta toutes les demandes de M. B. A. [Oubli de l'énoncé des problèmes de droit posés au juge.]

L'étude de cet arrêt nous conduit à nous pencher sur les conditions permettant la levée de l'anonymat dans le cadre du don d'éléments ou de produits du corps humain [Attention : confusion entre la problématique et le problème de droit posé au juge. Ce sont deux choses bien différentes.] et plus précisément dans le cadre d'une procréation médicale assistée. C'est ce que nous verrons [Formulation maladroite] tout d'abord dans l'étude des principes attachés à la procréation médicale assistée (I) puis dans l'examen de ces exceptions (II).

I. Les principes de la procréation médicale assistée [Votre titre n'est pas un titre de commentaire car il ne reflète pas une idée personnelle mais se contente d'être descriptif.]

La procréation médicale assistée nécessite dans certains cas de faire appel au don. Il s'agit plus précisément du don de matériel génétique et dans notre espèce du don de gamètes. Le droit encadre cette pratique médicale notamment en établissant les conditions au recours à la procréation médicale assisté (A) et en imposant le respect de l'anonymat (B).

A. Les conditions de la procréation médicale assistée [Même remarque que sous (I)]

L'assistance médicale à la procréation est définie par le droit français comme un ensemble de « pratiques cliniques et biologiques permettant la conception in vitro, le transfert d'embryons et l'insémination artificielle, ainsi que toute technique d'effet équivalent permettant la procréation en dehors du processus naturel » (Code de la Santé publique, article L. 2141- 1).

Selon l'article L. 2141-2, l'assistance médicale à la procréation a un seul but : remédier à l'infertilité médicalement diagnostiquée ou éviter la transmission à l'enfant ou à un membre du couple d'une maladie d'une particulière gravité. [Ces propos sont d'une part hors sujet par rapport au commentaire puisqu'il s'agit d'une définition de la PMA or les définitions n'ont pas leur place dans le corps du commentaire (peut-être en introduction) et d'autre part hors sujet par rapport au titre que vous avez donné à votre sous-partie.]

corrigés

Le don est gratuit, ce qui signifie qu'il ne peut être rémunéré et qu'il sera pratiqué qu'au sein d'un organisme ou d'un établissement de santé à but non lucratif. [Et alors ? Quel est le lien avec l'arrêt à commenter ? Propos hors sujet.]

Quid de la transition entre (A) et (B) ?]

B. La préservation de l'anonymat

L'étendue de l'anonymat est complète car ce principe est à double sens : il vaut aussi bien pour le donneur que pour le receveur : « Le donneur ne peut connaître l'identité du receveur ni le receveur celle du donneur » (Code civil, article 16-8). [Et alors... Vous devez maintenant renchérir sur les propos du CE. Aller plus loin !] Ce large spectre pourrait s'expliquer par le risque s'il n'existait pas « d'une baisse substantielle des dons de gamètes », d'une « remise en cause de l'éthique ».[Quid des 2 autres arguments évoqués par le CE ?]

[Quid de la transition entre (I) et (II)]

II. L'anonymat du don : une garantie non absolue

L'anonymat n'est pas un principe intangible, le droit positif prévoit effectivement la possibilité de lever l'anonymat sous certaines conditions et dans certaines situations (A'), situations qui sont peut-être évolutives (B').

A. La levée de l'anonymat [Précisez davantage votre titre]

Le droit positif prévoit 2 cas dans lesquels l'anonymat pourra être levé.

Le premier intéresse la personne du donneur avec l'article L. 1131-1-2 du Code de la santé publique qui dispose « (...) Lorsqu'est diagnostiquée une anomalie génétique grave dont les conséquences sont susceptibles de mesures de prévention, y compris de conseil génétique, ou de soins chez une personne qui a fait un don de gamètes ayant abouti à la conception d'un ou plusieurs enfants ».

Le second cas intéresse la personne du receveur avec l'article L. 1244-6 du Code de la santé publique qui dispose « Un médecin peut accéder aux informations médicales non identifiantes en cas de nécessité thérapeutique concernant un enfant conçu à partir de gamètes issus de don ». [Vos propos sont juste mais vous ne commentez pas, vous paraphrasez l'arrêt. Ces développements ne présentent donc que très peu d'intérêt si vous ne parvenez pas à ajouter une réflexion personnelle.]

B. Vers un élargissement des situations de levé de l'anonymat ? [Attention : une seule formule interrogative dans votre devoir : la problématique. Vous ne devez pas vous interroger après puisque vous répondez –en vous affirmant- à cette problématique !]

En l'espèce le requérant demande au Conseil d'État qu'il annule les refus de levée de l'anonymat car ils seraient contraires aux articles 8 (respect de la vie privée) et 14 (interdiction de la discrimination) de la Convention européenne des droits de l'homme. Si le Conseil d'État admet qu'il puisse être porté atteinte au principe de l'anonymat du don (cf. développements supra), il refuse de voir dans cette interdiction de divulgation de l'identité du donneur une violation de la Convention européenne des droits de l'homme. [Vous vous contentez de reprendre l'arrêt. Réagissez sur la décision du juge soit en confirmant cette décision soit en critiquant de manière constructive la haute juridiction administrative.] [Quid de l'ouverture ?]

Observation générale sur la copie

La méthode n'est pas complètement acquise : vous ne formulez aucune transition, vous commettez de nombreuses erreurs et certains oublis dans votre introduction, vos titres mériteraient d'être reformulés

Votre travail est trop descriptif et vous ne parvenez pas réellement à commenter l'arrêt du Conseil d'État. Vous devez pousser votre réflexion. L'arrêt n'est que le point de départ de celle-ci or vous vous contentez de l'expliquer et donc vos développements restent descriptifs.

[Quid des notions de circonstances particulières et d'ingérences disproportionnées qui auraient mérité d'être développées ?]

19. Les cinq temps de présentation du texte sont : Qui est l'auteur ? Raymond Carré de Malberg [1861-1935] juriste positiviste et constitutionnaliste ; Quoi ? Extrait de son ouvrage *« Contribution à la théorie générale de l'État »* où Carré de Malberg défend une conception moderne de l'État ; Quand ? 1920 ; Où ? Juriste français mais, sa théorie s'applique à l'ensemble des territoires ; Pourquoi ? Déterminer les caractéristiques de l'État fédéral et mettre en avant sa double nature : unitaire et fédérative.

Raymond Carré de Malberg [1861-1935] est un juriste positiviste et constitutionnaliste dont les travaux l'ont conduit à réfléchir sur différents thèmes tels que la souveraineté avec la distinction souveraineté populaire/ souveraineté nationale, le parlementarisme à travers notamment une critique du « parlementarisme absolu » en proposant une alternative à ce dernier consistant à donner plus de pouvoir au gouvernement. Carré de Malberg a consacré une garde partie de ses travaux à l'État à travers l'écriture de deux ouvrages : *« Contribution à la théorie générale de l'État »* Tome 1 en 1920 et Tome 2 en 1922, considérés comme l'œuvre maîtresse du juriste, dans laquelle il défend une conception moderne de l'État. L'extrait du texte à commenter est un extrait du Tome 1 et intéresse la question des traits de caractère de l'État fédéral. Traditionnellement, cette forme d'État est définie comme un État composé de plusieurs collectivités politiques indépendantes, les États fédérés, auxquelles il se superpose et en opposition à l'État unitaire qui ne comporte qu'un centre unique d'impulsion politique. Carré de Malberg propose au contraire de cette définition classique de caractériser l'État fédéral comme un État dans lequel entrent « à la fois un principe unitaire et un principe fédératif ». L'État fédéral dépassant la classification traditionnelle des États (fédéral et unitaire) conduirait-il alors vers un troisième type d'État ?

20. Organisme ou institution : A, G ; H ; **Définition :** B, F, I ; **Notion :** C, D, J ; **Procédure :** K, L, N ; **Comparaison :** E, M, O

21. Situation n° 1 : Le président de la République n'a pas besoin d'autorisation pour dissoudre l'Assemblée nationale, c'est un pouvoir dit « propre », il doit simplement consulter les présidents des assemblées et le Premier ministre. Le président de la République n'a pas à requérir l'aval du président de l'Assemblée nationale pour dissoudre la chambre basse, il doit simplement le consulter et n'est pas tenu par cet avis. Il peut dans ce cas précis mettre en œuvre l'article 12 de la Constitution de 1958 et dissoudre l'Assemblée nationale. - **Situation n° 2 :** L'enfant conçu ou né pendant le mariage a pour père le mari. Monsieur V est marié à Madame V qui est la mère d'Auguste. Le mariage a été célébré le 20 avril 2009 et Auguste est né le 20 avril 2010, soit pendant le mariage de sa mère avec Monsieur V. Le père légal d'Auguste est Monsieur V.

PARTIE 2

Initiation à 6 matières juridiques

Fiche 1 : Introduction générale au droit

1. **1.** A ; **2.** A. **3.** B ; **4.** C ; **5.** A

2. **Droit objectif :** A, D, E, G / **Droits subjectifs :** B, C, F, H

3. **1.** Constitution ; **2.** Traités internationaux et européens ; **3.** Lois ; **4.** Règlements

4. **1.** A, D ; **2.** F ; **3.** I ; **4.** G ; **5.** H ; **6.** E ; **7.** B ; **8.** B ; **9.** C

5. **1.** F ; **2.** F ; **3.** V ; **4.** V ; **5.** V ; **6.** F ; **7.** F ; **8.** F ; **9.** F ; **10.** V ; **11.** F

6. **1.** L'Assemblée nationale et le Sénat - **2.** 2014 - **3.** Le président de la République. La promulgation est un acte (signature) par lequel le Chef de l'État atteste de l'existence d'une loi et la rend exécutoire. - **4.** Le Code du travail - **5.** Au Journal Officiel de la République, recueil publiant les textes législatifs et réglementaires de la République française. - **6.** Elle permet le don d'un jour de repos à un parent d'un enfant gravement malade. - **7.** Le Premier ministre, la ministre des Affaires sociales et de la Santé, le ministre du Travail, de l'Emploi et du Dialogue social, la ministre de la Décentralisation, de la Réforme de l'État et de la Fonction publique.

7. **1.** C'est une décision prise et signée par le gouvernement ou le Chef de l'État servant à faire exécuter une loi. - **2.** Le 25 avril 2018 - **3.** Le 26 avril 2018 - **4.** Le 26 avril 2018 - **5.** Par le Premier ministre et il est contresigné par certains ministres - **6.** La garde des Sceaux, ministre de la Justice, le ministre de la Cohésion des territoires, la ministre des Solidarités et de la Santé, la ministre de la Culture, la ministre du Travail, le ministre de l'Éducation nationale, le ministre de l'Agriculture et de l'Alimentation, le ministre de l'Action et des Comptes publics, la ministre de l'Enseignement supérieur, de la Recherche et de l'Innovation, la ministre des Outre-mer, la ministre des Sports et la secrétaire d'État chargée des Personnes handicapées sont chargés chacun en ce qui le concerne de l'exécution du présent décret. - **7.** Ce décret institue un délégué interministériel à la stratégie nationale pour l'autisme au sein des troubles du neuro-développement. Ce dernier est placé sous l'autorité du ministre chargé des personnes handicapées. - **8.** Au Premier ministre et au secrétaire d'État chargé des Personnes handicapées.

8. **1.** C'est une décision de justice rendue par une juridiction supérieure (second degré à la cassation) - **2.** La Cour de cassation - **3.** Les faits, cause du divorce ou moyens de défense, peuvent être prouvés par tous moyens sauf par la violence ou la fraude. - **4.** La cour d'appel de Lyon - **5.** Oui, sauf s'ils sont obtenus par violence ou par la fraude - **6.** Non, elle casse et annule l'arrêt et renvoie devant cette même cour d'appel.

9. pensée - travaux – manuels — articles — source - s'imposer - législateur - juges - influence - loi - critiques - corrections - consultés - demandent - aiguilleur - influencer

10. **1.** V ; **2.** V ; **3.** F ; **4.** V ; **5.** V ; **6.** F ; **7.** V ; **8.** F

Fiche 2 : Droit civil

1. **1.** Le droit de la famille ; **2.** Le droit des personnes ; **3.** Le droit des biens ; **4.** Le droit des régimes matrimoniaux ; **5.** Le droit des obligations ; **6.** Le droit des successions

2. **1.** A ; **2.** B, C, D, E, F ; **3.** A ; **4.** B, C ; **5.** C ; **6.** B, C ; **7.** B

3. **1.** V ; **2.** F ; **3.** V ; **4.** F ; **5.** V ; **6.** V ; **7.** F

4. **Aspect physique de la personne :** A, B, C / **Aspect moral :** A, D

5. **Article 9** : B, E / **Article 16** : A / **Article 16-1 alinéa 2** : D / **Article 16-1 alinéa 3** : C

6. **1.** C ; **2.** A ; **3.** B ; **4.** E ; **5.** F ; **6.** D

7. nullité – mariage – déboutée – moyen – nullité – contesté – matin – Code civil – attendu que – allégations – motifs

8. **1.** 5 cas. 1er cas : Le divorce par consentement mutuel extrajudiciaire. 2e cas : le divorce par consentement mutuel judiciaire. 3e cas : le divorce accepté. 4e cas : le divorce pour altération définitive du lien conjugal. 5e cas : le divorce pour faute. Ces 5 cas sont le fruit de la loi 18 novembre 2016 de modernisation de la justice du XXIe qui a ajouté aux 4 cas traditionnels « le divorce par consentement mutuel extrajudiciaire ». – **2.** 1er cas : le divorce par consentement mutuel par acte sous signature privée et contresigné par les avocats et déposé au rang des minutes d'un notaire. Articles 229-1 et 229-2 du Code civil ; 2e cas : le divorce par consentement mutuel judiciaire. Articles 230 et 232 du Code civil. ; 3e cas : le divorce accepté. Articles 233 et 234 du Code civil ; 4e cas : le divorce pour altération définitive du lien conjugal. Articles 237 et 238 du Code civil ; 5e cas : le divorce pour faute. Article 242 du Code civil. – **3.** Non, la loi du 18 novembre 2016 permet aux époux, lorsqu'ils s'entendent sur la rupture du mariage et de ses effets, de constater leur accord dans une convention prenant la forme d'un acte sous signature privée contresigné par avocat et enregistré par notaire. Pour les autres cas de divorce, il appartient au juge de prononcer le divorce. – **4.** Les époux doivent être d'accord sur le principe du divorce et sur l'ensemble de ses conséquences. – **5.** Si l'enfant mineur du couple veut être entendu par un juge ou si l'un des deux membres du couple est placé sous un régime de protection. – **6.** Les époux doivent être d'accord pour divorcer mais s'en remettent au juge pour régler les conséquences du divorce sur lesquelles ils ne sont pas forcément d'accord. – **7.** Les époux doivent vivre séparés de fait depuis au moins deux ans. – **8.** Non, il peut être prononcé à la demande d'un seul des deux époux. – **9.** L'un des deux époux doit avoir commis une faute, c'est-à-dire une violation grave ou répétée aux devoirs et obligations du mariage, qui doit être imputable au conjoint et rendre intolérable le maintien de la vie commune. – **10.** La communauté de vie, la fidélité, l'assistance, le respect, la contribution aux charges du mariage, le devoir de secours. – **11.** Non, le divorce peut être prononcé à la demande d'un seul des deux époux.

9. **1.** B ; **2.** B ; **3.** B, D ; **4.** B ; **5.** B ; **6.** A, B ; **7.** B

Fiche 3 : Droit des institutions juridictionnelles

1. **1.** A ; **2.** B ; **3.** A ; **4.** A ; **5.** A ; **6.** B. ; **7.** B ; **8.** A, C ; **9.** A, B

2. **1.** G ; **2.** A ; **3.** I ; **4.** E ; **5.** F ; **6.** H ; **7.** C ; **8.** D ; **9.** B

3. **1.** A ; **2.** B ; **3.** B ; **4.** A ; **5.** A ; **6.** A ; **7.** A ; **8.** A ; **9.** B

4. **1.** V ; **2.** V ; **3.** V ; **4.** V ; **5.** F ; **6.** V ; **7.** V ; **8.** F ; **9.** V ; **10.** F ; **11.** V ; **12.** F

5. **1)** Le Tribunal pour enfants ; **2)** La Cour d'assises des mineurs ; 3) Le juge des enfants

6. **1)** Les Cours administratives d'appel ; **2)** Le Conseil d'État ; **3)** Les tribunaux administratifs

7. **1.** F ; **2.** E ; **3.** B ; **4.** G ; **5.** H ; **6.** D ; **7.** A ; **8.** I ; **9.** J ; **10.** C

8. conflits – Second – République – Royal – séparation – administratif – judiciaire – arbitre – paritaire – compétence – déni – contrariété – Conseil d'État – Cour de cassation – positif – compétentes – négatif – incompétentes – même – trancher – excessive – préjudice

Fiche 4 : Histoire constitutionnelle française

1. **H.** La Constituante (1789-1791) ; **K.** La Législative (1791-1792) ; **B.** La Convention (1792-1795) ; **L.** Le Directoire (1795-1799) ; **D.** Le Consulat (1799-1804) ; **F.** Le Premier Empire (1804-1814) ; **M.** La Restauration (1814-1830) ; **A.** La Monarchie de Juillet (1830-1848) ; **G.** La IIe République (1848-1852) ; **I.** Le Second Empire (1852-1870) ; **E.** La IIIe République (1870-1940) ; **J.** Le régime de Vichy (1940-1944) ; **N.** Le gouvernement provisoire de la République française (1944-1946) ; **C.** La IVe République (1946-1958)

2. **L'égalité :** Art. 1er, Art. 6, Art. 13, Art. 14 / **La liberté :** Art. 2, Art. 4, Art. 7, Art. 8, Art. 9, Art. 10, Art. 11, Art. 17 / **Les bases constitutionnelles du régime :** Art. 3, Art. 5, Art. 12, Art. 15, Art. 16

3. **1.** A ; **2.** B ; **3.** A, B ; **4.** A ; **5.** C ; **6.** A ; **7.** C ; **8.** B ; **9.** A

4. **Restauration :** 1, 3, 6, 7, 8, 10, 13, 14, 15 / **Monarchie de Juillet :** 2, 4, 5, 9, 11, 12, 14, 16

5. élu – ministres – confiance – Conseil d'État – Conseil du gouvernement – projets de loi – Corps législatif – assemblées – Corps législatif – lois – impôt – Sénat – fortune – talent – propose – Haute Cour de justice – réprimera – Chef de l'État – sûreté publique – modifier – ratification – peuple – fondamental – volonté

6. **1.** N ; **2.** A ; **3.** F ; **4.** K ; **5.** H ; **6.** B ; **7.** J ; **8.** P ; **9.** G ; **10.** O ; **11.** E ; **12.** D ; **13.** I ; **14.** C ; **15.** L ; **16.** M

7. **1.** Le Préambule de la Constitution de 1946 - **2.** Le 27 octobre 1946 - **3.** Le Parlement est composé de l'Assemblée nationale et du Conseil de la République - **4.** L'Assemblée nationale - **5.** Un président de la République et un gouvernement avec à sa tête le président du Conseil des ministres - **6.** 7 ans - **7.** Par le Parlement - **8.** À l'Assemblée nationale - **9.** C'est le chef du gouvernement - **10.** Le Général de Gaulle - **11.** 24 gouvernements - **12.** Les membres des familles ayant régné sur la France

Fiche 5 : Droit constitutionnel

1. **État unitaire :** A, D, E, G, I / **État fédéral :** B, C, F, H

2. **1.** Les pouvoirs (législatif, exécutif et judiciaire) – **2.** Le pouvoir législatif – **3.** Le pouvoir exécutif – **4.** Montesquieu – **5.** Le régime de séparation stricte – **6.** Le régime de séparation souple – **7.** Souple – **8.** La théorie des *Checks and Balances* – **9.** Les États-Unis – **10.** Souple

3. **1.** B ; **2.** F ; **3.** I ; **4.** D ; **5.** A ; **6.** E ; **7.** G ; **8.** C ; **9.** J ; **10.** H

4. démocratie - législatif - exécutif - judiciaire - vote - deuxième - deux - pouvoir exécutif - chef de l'État - ministres – Premier - gouvernement - nation - élections - garant - indépendance – traités

5. 1. C ; **2.** B ; **3.** C ; **4.** A ; **5.** C ; **6.** A ; **7.** C ; **8.** A ; **9.** C ; **10.** B

6. Au premier tour, 28 570 suffrages ont été exprimés, la majorité absolue est donc de 14 286 voix. Aucun des candidats n'a obtenu un tel score, il faut donc procéder à un second tour.
Au second tour, 65 647 électeurs étaient inscrits. Il faut obtenir 12,5 % des voix, soit 8 205. Pour accéder au second tour, les candidats du premier tour doivent avoir obtenu au moins 8 205 voix. Mme Magalie VIALON (REM) et M. Régis JUANICO (SOC) passent donc au second tour avec 9 946 et 5 500 voix.

7. 1. D ; **2.** H ; **3.** B ; **4.** E ; **5.** M ; **6.** K ; **7.** F ; **8.** G ; **9.** A ; **10.** J ; **11.** I ; **12.** L ; **13.** N ; **14.** C

8. 1) Le Premier ministre ; **2)** Le président de la République

9. 1. V ; **2.** V ; **3.** F ; **4.** V ; **5.** V ; **6.** F ; **7.** V ; **8.** V ; **9.** F

10. 1. C ; **2.** D ; **3.** B ; **4.** A, B, C ; **5.** D ; **6.** B ; **7.** D ; **8.** B, D ; **9.** D

11. 1. L'officialisation de la liste des candidats à l'élection - **2.** 18 mars 2017 - **3.** Le suffrage universel direct - **4.** L'élection du président de la République au suffrage universel - **5.** 11 candidats - **6.** Les formulaires de présentation - **7.** La régularité du consentement ; la transmission de leur déclaration de patrimoine ; leur engagement, en cas d'élection, à déposer une nouvelle déclaration deux mois au plus tôt et un mois au plus tard avant l'expiration du mandat - **8.** La publication au Journal officiel - **9.** 9 membres - **10.** Oui, Laurent Fabius

Fiche 6 : Les institutions de l'Union européenne

1. Allemagne (adhésion en 1958) ; Autriche (adhésion en 1995) ; Belgique (adhésion en 1958) ; Bulgarie (adhésion en 2007) ; Chypre (adhésion en 2004) ; Croatie (adhésion en 2013) ; Danemark (adhésion en 1973) ; Espagne (adhésion en 1986) ; Estonie (adhésion en 2004) ; Finlande (adhésion en 1995) ; France (adhésion en 1958) ; Grèce (adhésion en 1981) ; Hongrie (adhésion en 2004) ; Irlande (adhésion en 1973) ; Italie (adhésion en 1958) ; Lettonie (adhésion en 2004) ; Lituanie (adhésion en 2004) ; Luxembourg (adhésion en 1958) ; Malte (adhésion en 2004) ; Pays-Bas (adhésion en 1958) ; Pologne (adhésion en 2004) ; Portugal (adhésion en 1986) ; République tchèque (adhésion en 2004) ; Roumanie (adhésion en 2007) ; Royaume-uni (adhésion en 1973) ; Slovaquie (adhésion en 2004) ; Slovénie (adhésion en 2004) ; Suède (adhésion en 1995)

2. E. Traité instituant la Communauté européenne du charbon et de l'acier (entré en vigueur : 23 juillet 1952) - **G.** Traités de Rome – CEE et EURATOM (entré en vigueur : 1er janvier 1958) - **C.** Traité de fusion - Traité de Bruxelles (entré en vigueur : 1er juillet 1967) - **A.** Acte unique européen (entré en vigueur : 1er juillet 1987) - **D.** Traité sur l'Union européenne - Traité de Maastricht (entré en vigueur : 7 février 1992) - **B.** Traité d'Amsterdam (entré en vigueur : 1er mai 1999) - **F.** Traité de Nice (entré en vigueur : 1er février 2003) - **H.** Traité de Lisbonne (entré en vigueur : 1er décembre 2009)

3. 1. F ; **2.** G ; **3.** C ; **4.** D ; **5.** B ; **6.** A ; **7.** H ; **8.** E

4. 1. A ; **2.** B ; **3.** A ; **4.** C ; **5.** B ; **6.** A ; **7.** C

5. 1. Le 26 mai 2019 - 2. Le suffrage universel direct à 1 tour - **3.** Il faut avoir la citoyenneté française, être âgé d'au moins 18 ans la veille du jour de scrutin, être domicilié dans la commune où l'on souhaite voter et être inscrit sur les listes électorales avant le 31 mars 2019 - **4.** 5 ans - **5.** La représentation proportionnelle à scrutin de liste à la plus forte moyenne. Les partis ayant obtenu plus de 5 % des suffrages bénéficient d'un nombre de sièges proportionnel à leur nombre de voix - **6.** 74 sièges et 74 sièges + 5 après le Brexit - **7.** L'eurodéputé exerce 3 pouvoirs : législatif, budgétaire et de contrôle

7. Conseil européen : A, B, C, D, H, I, K, L, R, T ; **Conseil de l'Union européenne :** E, F, G, J, M, N, O, P, Q, S, T

8. 1. F ; **2.** V ; **3.** F ; **4.** F ; **5.** F ; **6.** V ; **7.** F ; **8.** V ; **9.** V ; **10.** V

9. 1) La Banque centrale européenne ; **2)** Le Médiateur ; **3)** La Cour des comptes

10. 1. C'est l'État qui décide de son propre retrait – **2.** Le Conseil européen – **3.** Par un accord négocié et conclut entre l'Union européenne et l'État – **4.** L'État quitte l'Union européenne et les traités ne lui sont plus applicables – **5.** Non, l'État pourra toujours faire une nouvelle demande d'adhésion – **6.** Le Royaume-Uni – **7.** Le 23 juin 2016, lors d'un référendum organisé par David Cameron – **8.** Le 29 mars 2017.